Friedrich Kaiser

Der bairische Hiesel

Volksstück mit Gesang und Tableaux in 3 Abtheilungen und 7 Bildern

Friedrich Kaiser

Der bairische Hiesel
Volksstück mit Gesang und Tableaux in 3 Abtheilungen und 7 Bildern

ISBN/EAN: 9783744631488

Hergestellt in Europa, USA, Kanada, Australien, Japan

Cover: Foto ©Thomas Meinert / pixelio.de

Weitere Bücher finden Sie auf **www.hansebooks.com**

Wiener Theater-Repertoir.

196ᵗᵉ Lieferung.
Preis 60 Neukreuzer oder 12 Sgr.

Der bairische Hiesel.

Volksstück mit Gesang und Tableaux in 3 Abtheilungen und 7 Bildern

nach einer Erzählung von Hermann Schmid frei bearbeitet

von **Friedrich Kaiser.**

Musik vom Kapellmeister Franz Roth.

Den Bühnen gegenüber als Manuscript gedruckt.

Wien, 1868.
Verlag der Wallishausser'schen Buchhandlung (Josef Klemm),
Stadt, hoher Markt 1, gegenüber dem Salvatorhof.

Wiener Theater-Repertoir.

1. **Lieferung: Rothe Haare.** — **Das Pamphlet.** Zwei Lustsp. v. M. A. Grandjean. 3 veite Aufl. 7½ Sgr. ob. 35 Nkr.
2. — **Heimlich.** — Lustspiel in 1 Akt, von Grandjean. 7½ Sgr. oder 35 Nkr.
3. — **Die geheime Mission.** Lustspiel in 3 Akten, von M. A. Grandjean. 7½ Sgr. oder 35 Nkr.
4. — **Eine arme Schneiderfamilie.** Traumgem. m. Ges. Tanz u. Tabl., in 3 Abth., v. Jos. C. Böhm. 8 Sgr. ob. 40 Nkr.
5. — **Doktor und Friseur**, ob.: Die Sucht nach Abenteuern. Posse m. Ges., in 2 Akt., v. Fr. Kaiser. 7½ Sgr. ob. 35 Nkr.
6. — **Der Pelzpalatin und der Kachelofen**, oder: Der Jahrmarkt zu Rautenbrunn. Posse mit Gesang in 3 Akten, von Friedrich Hopp. 10 Sgr. oder 50 Nkr.
7. — **Der Mentor.** Lustsp. in 1 Akt n. d. Franz. frei beard. v. J. W. Lembert. Zweite Aufl. 7½ Sgr. ob. 35 Nkr.
8. — **Der Freund und die Krone.** Romant. Schausp. in 4 Akt., v. J. W. Lembert. Neue Aufl. 10 Sgr. oder 50 Nkr.
9. — **Zum erstenmale im Theater.** Posse in 1 Akt, von Onkel Kaiser. Zweite Auflage. 7½ Sgr. oder 35 Nkr.
10. — **Der Gang ins Irrenhaus.** Lustsp. in 1 Akt, n. d. Franz. v. Herzenstein. Zweite Aufl. 7½ Sgr. oder 35 Nkr.
11. — **Doña Diana.** Lustspiel in 3 Akt, n. d. Span. des Moreto von C. A. West. Vierte Aufl. 12 Sgr. oder 60 Nkr.
12. — **Müller und Schiffmeister.** Posse mit Gesang in 2 Akten von Friedrich Kaiser. 10 Sgr. oder 50 Nkr.
13. — **Die Tochter des Kapitains.** Schauspiel in 3 Akten nach dem Franz. von Col. Gartner. 7½ Sgr. oder 35 Nkr.
14. — **König und Rebellin.** Trauerspiel in 3 Akten nebst 1 Vo spiel, von M. Balujji. 8 Sgr. oder 40 Nkr.
15. — **Alle Mittel gelten.** Lustspiel in 1 Akt nach Scribe von L. Julius. 7½ Sgr. oder 35 Nkr.
16. — **Eine Jugendsünde.** Lustspiel in 1 Akt, frei nach dem Französischen von L. Julius. — **Georgl.** Posse in 1 Akt von L. Julius. 7½ Sgr. oder 35 Nkr.
17. — **Olga.** Lustspiel in 1 Akte, frei nach dem Französischen von L. Julius. 7½ Sgr. oder 35 Nkr.
18. — **Zwei Pistolen**, oder: Erschossen und lebendig. Posse mit Ges. in 2 Akten, v. Friedr. Kaiser. 10 Sgr. oder 50 Nkr.
19. — **Der Bräutigam ohne Braut.** Lustspiel in 1 Akt, von Herzenstein. 7½ Sgr. oder 35 Nkr.
20. — **Ein Mädchen ist's und nicht ein Knabe.** Lustspiel in 1 Akt, nach dem Französisch. von Herzenstein. Zweite Auflage. 7½ Sgr. oder 35 Nkr.
21. — **Glas Regenwurm**, oder: Die Rettung auf der Panjucjagd. Posse mit Gesang in 2 Akten, von Fr. dr. Hopp. 12 Sgr. oder 60 Nkr.
22. — **Hoang-Puff.** Posse in 1 Akt, nach dem Französischen v. Herzenstein. Zweite Aufl. 7½ Sgr. oder 35 Nkr.
23. — **Der Kuß an den Ueberbringer.** Lustspiel in 1 Akt, nach dem Französischen des Scribe von Herzenstein. Zweite Auflage. 7½ Sgr. oder 35 Nkr.
24. — **Das Häuschen in der Aue.** Lustspiel in 1 Akt, nach dem Franz. frei bearbeut von Herzenstein. Zweite Auflage. 7½ Sgr. oder 35 Nkr.
25. — **Die Nebenbuhler.** Lustspiel in 5 Akten, nach Sheridan's "Rivale" von J. C. Hantee. 10 Sgr. oder 50 Nkr.
26. — **Onkel Tom.** Amerikanisches Zeitgemälde mit Gesang und Tanz in drei Abtheilungen nach einem Vorspiele, nach Stowe's Roman: "Onkel Toms hütte", v. Therese Megerle. 10 Sgr. oder 50 Nkr.
27. — **Ein alter Corporal.** Charakter-Gemälde in 5 Akten, von Carl Juin und P. J. Reinhard. Theilweise nach Dumanoir. 10 Sgr. oder 50 Nkr.
28. — **Servus, Herr Stabserl!** Posse in 1 Akt, von Juin und Blug. 7½ Sgr. oder 35 Nkr.
29. — **Die Ehre des Hauses.** Drama in 5 Akt. v. C. Juin u. P. J. Reinhard. Nach Bella u. Dejaure. 10 Sgr. ob. 50 Nkr.
30. — **Die Obsthändlerin des Königs.** Drama in 3 Akten und einem Vorspiele unter den Titel: Der Wasserträger von Paris. Nach dem Französischen frei bearbeitet von Therese Megerle. 8 Sgr. oder 40 Nkr.

31. Lief. **Gervinus, der Narr vom Untersberg.** Posse mit Gesang in 3 Akten von A. Berla. 8 Sgr. oder 40 Nkr.
32. — **Eulenspiegel**, oder Schabernack über Schabernack. Posse mit Gesang in 4 Akten, von J. Nestroy. Dritte Aufl. 10 Sgr. oder 50 Nkr.
33. — **Hempel, Krempel und Stempel.** Posse in 1 Akt. frei nach dem Engl. v. K. Gracier. 7½ Sgr. oder 35 Nkr.
34. — **Wahn und Wahnsinn.** Schauspiel in 2 Akten nach Dickeville's: Elle est folle bearb. von Lembert. Zweite Auflage. 8 Sgr. oder 40 Nkr.
35. — **Ein Florentiner-Strohhut**, oder: Fatalitäten an dem Hochzeittage. Posse mit Gesang in 5 Akten, von Carl Juin und L. Herz. 8 Sgr. oder 40 Nkr.
36. — **Ein neuer Monte-Christo.** Original-Charakterbild in 3 Akten v. Friedr. Kaiser. 12 Sgr. oder 60 Nkr.
37. — **Die schöne Italerin.** Lokaler Schwank mit Gesang und Tanz in 3 Akten. Nach einer älteren Kringsteiner'schen Posse frei bearb. von A. C. Naske. 8 Sgr. ob. 40 Nkr.
38. — **Eine reife Melone.** Schwank in 1 Akt von Boole Bernard's Platonic attachements, von R. Gracier.
39. — **Der Arzt wider Willen.** Schwank in 2 Akten, frei nach Molière, von Gracier. 7½ Sgr. oder 35 Nkr.
40. — **Am Clavier.** Lustspiel in 1 Akt. Nach dem Französischen frei bearbeitet von M. A. Grandjean. Zweite Aufl. 7½ Sgr. oder 35 Nkr.
41. — **All zu toll.** Fastnachtsposse in 1 Akt frei nach dem Engl. von A. Gracier. 7½ Sgr. oder 35 Nkr.
42. — **Die Geldfrage.** Lustsp. in 5 Aufz. v. Alexander Dumas Sohn, deutsch von P. J. Reinhard. 12 Sgr. ob. 60 Nkr.
43. — **Diana de Lys.** Schausp. in 5 Aufz. v. Aleg. Dumas Sohn, von D. J. Reinhard. 12 Sgr. ob. 60 Nkr.
44. — **Der natürliche Sohn.** Schauspiel in 4 Aufzügen und einem Vorspiel von Aleg. Dumas Sohn, deutsch von P. Reinhard. 12 Sgr. oder 60 Nkr.
45. — **Die Dame mit den Camelien.** Schauspiel in 5 Aufz. von Alex. Dumas' Sohn, deutsch von P. J. Reinhard.
46. — **Ein Hut.** Lustsp. in 1 Akt. frei nach Mad. Kolle de Giraudin von M. A. Grandjean. 7½ Sgr. ob. 35 Nkr.
47. — **Das hohe C.** Lustspiel in 1 Akt von M. A. Grandjean. Zweite Auflage. 7½ Sgr. oder 35 Nkr.
48. — **Das Concert.** Lustspiel in 1 Akt, von P. M. Daghof 7½ Sgr. oder 35 Nkr.
49. — **Ein weiblicher Monte-Christo.** Charakterbild aus dem Pariser Leben, in 4 Abth. und 5 Akten mit Musik und Tanz v. Th. Megerle. 12 Sgr. oder 60 Nkr.
50. — **Ein Mann ohne Herz.** Genrebild in 5 Akten von Dr. V. Lann. 12 Sgr. oder 60 Nkr.
51. — **Der Roman eines armen jungen Mannes.** Schauspiel in 5 Aufzügen und 4 Tableaux. Nach Octave Feuillet von C. Juin und P. J. Reinhard. 12 Sgr. ob. 60 Nkr.
52. — **Im Dorf.** Ländliches Charaktergem. mit Ges. und Tanz in 3 Abth. v. Therese Megerle. 8 Sgr. oder 40 Nkr.
53. — **Ueberall Diebe.** Original-Schwank in 1 Akt von G. J. Stig. 7½ Sgr. oder 35 Nkr.
54. — **Ein Refrein von 1859.** Volksstück mit Ges. in 3 Abth. von D. J. Berg. 12 Sgr. oder 60 Nkr.
55. — **Der böse Geist Lumpacivagabundus**, oder: Das liederliche Kleeblatt. Zauberposse mit Gesang in 3 Aufzügen von Joh. Nestroy. Dritte Aufl. 12 Sgr. ob. 60 Nkr.
56. — **Arint und Compagnie.** Charakterbild mit Gesang in 3 Akten, von H. Raub. 12 Sgr. oder 60 Nkr.
57. — **Der Wunderdoktor.** Original-Lebensbild mit Gesang in 2 Akten, v. R. Heittori. 12 Sgr. oder 60 Nkr.
58. — **Der Narr in der Redimesser-Gasse.** Posse in 1 Akt, nach dem Franz. von Bergen. 7½ Sgr. oder 35 Nkr.
59. — **Möbel-Fatalitäten.** Schwank in 1 Akt, von Anton Bunn. 6 Sgr. oder 30 Nkr.
60. — **Eine Vorlesung bei der Hausmeisterin.** Posse in 1 Akt. von Alex. Bergen. Zweite Aufl. 6 Sgr. oder 30 Nkr.

Den Bühnen gegenüber als Manuscript gedruckt.

Der bairische Hiesel.

Volksstück mit Gesang und Tableaur in 3 Abtheilungen und 7 Bildern

nach einer Erzählung von Hermann Schmid frei bearbeitet

von

Friedrich Kaiser.

Musik vom Capellmeister Franz Roth.

Erste Abtheilung.
Erstes Bild:
Die Hochzeit am Erdhof.

Personen:

Kreuzhuber, \
Matzenhofer, } Bauern. \
Immlinger, /
Batzmann, Schulmeister. \
Naßmüller, ein junger Landwirth. \
Hanni, seine Braut. \
Monika, erste Kranzeljungfer \
Schwarzbeer, Waldhüter. \
Robert, \
Hubert, } Jäger. \
Ruprecht, /

Broni, die Wirthin am Erdhof. \
Mathias Klostermaier. \
Andres, ein Bauernknabe. \
Kualler, Fuhrmann. \
Röthling, Kleinhäusler. \
Stegmaier, Tabuletkrämer. \
Heinz, Schergenknecht. \
Nanni, Kellnerin.

Jäger, Landreiter, Musikanten, Hochzeitsgäste, Kranzeljungfern, Bauern.

Zweites Bild:
In der Heimat.

Personen:

Brenton Klostermaier, ein alter Holz-\
   schnitzer. \
Mathias, sein Sohn. \
Mirl, seine Tochter.

Wolf, Dorfpfarrer. \
Monika. \
Maier, Bader.

Zweite Abtheilung.

Drittes Bild:
Im Augsburgerwald.

Personen:

Mathias Klostermaier.
Monika.
Gundel, Wirthin eines Waldschenkwirthes.
Andres.
Der Sternputzer,
Der Tiroler,   } Wildschützen.
Der Blaue,

Röthling.
Gambler,   } Wildschützen.
Lissabner.
Ratzenhofer,   } Bauern.
Immlinger,

Wildschützen, Bauern, Dirnen, Musiker.

Viertes Bild:
Förster und Wildschütze.

Personen:

Grünauer, Förster.
Brummer, Feldwebel.
Helmer,
Spieß,   } Soldaten.
Jäckle,
Mathias Klostermaier.

Sternputzer,
Gambler,
Tiroler,
Blauer,   } Wildschützen
Lissaboner,
Andres,

Soldaten. Wildschützen.

Fünftes Bild:
Rebell und Soldat.

Personen:

Rechthuber, Amtmann.
Amalie, seine Tochter.
Otto,   } deren Kinder.
Hubert,
Haßlinger, Wirth.
Malberger, Ortsältester.
Mathias Klostermaier.
Gundel.
Röthling, Metzger.

Tiroler,
Blauer,
Sternputzer,
Gambler,   } Wildschützen.
Lissaboner,
Andres,
Stürmer, Unterofficier.
Peter, Gemeiner.

Ortsälteste, Bauern, Wildschützen, Diener.

Dritte Abtheilung.

Sechstes Bild:
Der Ueberfall.

Personen:

Schebel, Grenadierlieutenant.
Brummer, Feldwebel.
Mathias Klostermaier.
Jacob, Schenkwirth.
Gundel.
Röthling.

Sternputzer,
Tiroler,
Blauer,   } Wildschützen.
Andres,
Ein Tambour.

Grenadiere, Zimmerleute, Wildschützen.

Siebentes Bild:
Der letzte Weg.

Mathias Klostermaier.
Gerichtsrath Hartmann.
Ein Actuar.
Sternputzer, Bildschütz.
Andres, Bauernjunge.

Personen:

Erster } Gerichtsbeisitzer.
Zweiter }
Ein Gefängnißaufseher.
Pfarrer Wolf.
Monika.

Erste Abtheilung.
Erstes Bild:
Die Hochzeit am Erdhof.

Innerer Hofraum des Einkehrwirthshauses „Am Erdhof"; den Hintergrund nimmt das einstöckige Gebäude selbst ein; in der Mitte desselben eine breite Einfahrt, durch welche man auf die Straße hinaussieht. Zu beiden Seiten der Einfahrt führen Freitreppen zum ersten Stockwerke hinan und bilden oben eine Terrasse. Im Hofe rechts und links Tische, welche sämmtlich mit großen Blumenaufsätzen geschmückt sind. Die Terrasse sowohl als die Treppengeländer sind mit Guirlanden von Tannenreisig geschmückt. Die Fenster des ersten Stockwerks sind beleuchtet, die auf die Terrasse führende Thür steht offen, man sieht durch dieselbe das bunte Getriebe einer Bauernhochzeit und hört die Tanzmusik.

Erste Scene.

Kreuzhuber, Matzenhofer. Immlinger und Batzmann (sitzen am ersten Tische rechts), andere Bauern (an den übrigen Tischen). Nanni und andere Kellnerinnen (gehen bedienend ab und zu). Röthling (sitzt an einem Tische mehr im Hintergrunde links). Knaller.

Knaller (im blauen Fuhrmannskittel, die Peitsche in der Hand, auf dem Hute einen mächtigen Blumenstrauß, kommt vom Hintergrunde rechts und geht zu einem der Tische im Vordergrunde links, in schwäbischer Mundart). So! die Röß'l sein g'futtert — jetzt kann der Mensch sich an die Tränk' setze! (Setzt sich.)

Nanni (stellt einen vollen Bierkrug vor ihn hin). Gott g'seg'n's, Fuhrmann! Woher 's Weg's? Er ist ja noch nie bei uns eingekehrt?

Knaller. I glaub's wohl, schön's Jungferle! Isch au 's ertsche Mal, daß i den Weg mache thu'! I fahr' von Ulm her für ein'n reichen Kaufmann; werd' jetzt schon öfter komme und dahier „am Erdhof" einkehre, nu i weiß, daß da so a hübsch Jüngferle daheim isch! (Legt seinen Arm um ihre Hüfte.)

Nani (sich losmachend). Wegen meiner braucht Er sich nicht aufz' halten! Wir haben die Zeit her ohne ihn auch g'lebt. (Geht von ihm weg.)

Knaller. Ha ha! das Maidle wird an nit gegen Alle so spröd' thue! (Trinkt.)

Röthling (in einem abgeschabenen, ärmlichen Anzuge, welcher an einem der Tische links allein saß, steht mit dem Bierkruge in der Hand auf und tritt zu Knaller, ihm den Krug hinhaltend). Glückliche Reis', Fuhrmann!

Knaller (an den Hut greifend). Dank schön! 's geht nimmer weit.

Röthl. (setzt sich zu ihm). Wohl nach München! — Was hast g'laden?

Knaller. Ei nu! Allerhand um en Kreuzer! Tuch von alle Farbe — Kaffee — Zucker — Tabak —

Röthl. (sieht sich vorsichtig rings um, dann etwas leiser). Hast den ganzen Wagen voll g'laden?

Knaller. Narr! ma wird do nit mit halber Ladung fahre!

Röthl. Na — ich hab' nur g'meint,

ob'st nicht doch vielleicht unterwegs noch was auflaben könnt'st?

Knaller. So? häscht wohl gar so eppes?

Röthl. (noch leiser). Hm! wenn man trauen dürft'! — (Rückt näher zu ihm.) Meinst nit, daß in der Münchnerstadt Jemand z'finden wär, der ein' feisten Rehbock kaufen thät?

Knaller (nun ebenfalls heimlich). Hast ein!?

Röthl. Freili! Ein Capitalbock, dick und feist — kannst'n haben für ein' Frauenbildthaler — den ist die Decken allein werth — und's Fleisch hast umsonst!

Knaller (reicht ihm die Hand). 's gilt scho! Wo kann ich'n habe?

Röthl. Wannst nachher durch'n Wald fahrst — rechts von der Straße liegt a klein's Gütel — 's Stundenhäusel heißt's — da bin ich daheim — da halt a wen'g, — thu, als ob d'Dir mit den Rössern was z'schaffen machest — da komm' ich schon, und — 's Weitere findt' sich! — Aber jetzt thu' nichts dergleichen!

Knaller (leise). Versteh' scho!

Röthl. (erhebt sich, laut). Gut'n Weg, Fuhrmann!

Knaller. Dank schön!

Röthl. (geht durch die Einfahrt ab).

Baßm. (der indeß, mit einer Zwickbrille auf der Nase, in einem Zeitungsblatte gelesen und öfter die um ihn sitzenden Bauern auf einzelne Stellen aufmerksam gemacht hat). Gelt! das sein Neuigkeiten! Die Kaiserin Maria Theresia hat ihren Sohn Josef zum Mitregenten gemacht!

Kreuzh. Hab' schon von ihm g'hört, soll a guter Herr sein!

Baßm. Und a g'scheiter Herr! Das ist aber der preußische Fritz auch — (sieht wieder in die Zeitung) seht's! weil er immer Krieg z'führen hat, laßt er glei Straßen und Kanäl bauen! — (Liest weiter.) Hm! hm! hm!

Kreuzh. Na, was ist's denn?

Baßm. Im Sachsenland herrscht so a große Noth — Tausend von Menschen sterben veritable den Hungertod!

Maßenh. Gott bewahr' uns in Gnaden! wenn wir noch einmal so ein' nassen Sommer haben wie heuer, kann's uns ah noch so geh'n!

Kreuzh. Ja, die Zeiten sein ohnehin schlecht — b'Auflagen so schwer, daß's fast nimmer z'erschwingen sein! Jetzt ist b'Grundsteuer wieder um zwei Gulden für'n Hof erhöht — dann kommt noch die Gilt dazu — und der Zehent und b'Raubemien! Wie soll man da rechtschaffen b'steh'n?

Baßm. Das will ich Euch sagen! — Gebt den alten Schlendrian auf und befolgt das, was unser allerdurchlauchtigster Herr Churfürst besiehlt! — für was erlaßt er denn die allerhöchsten Culturmandat und für was muß ich sie Euch alle Sonntag nach der Kirchen vorlesen, wenn Ihr Euch den Teufel d'rum schert?

Kreuzh. Ah was! Was auf mein' Feldern wachst und was nit, das muß ich am besten wissen; dazu brauch' ich ka Vorschrift aus der Münchner Kanzlei! — Wie's mei Aehnl g'macht hat, so mach' ich's auch, und mei Bub' soll's einmal auch so machen!

Maßenh. Und was hat man davon, wenn man sich g'uug g'schunden und plagt hat? Wenn's Traid oft so schön basteht, daß ei'm 's Herz im Leib lacht — da kommt a Rudel Hirsch' und in einer Nacht ist das ganze Feld ab'grast und z'sammtreten, daß man nit weiß, ob man flennen soll wie a Kran's Kind, oder dreinschlagen wie a Wilder!

Baßm. Da müßt Ihr halt sein selber abhelfen! Bei Tag kommt das Wild nicht, und bei Nacht hat ja unser allerdurchlauchtigster Churfürst allergnädigst erlaubt, daß Ihr es mit Schreien und Peitschenknallen verscheuchen dürft!

Imml. Ha ha ha! die allergnädigste Erlaubniß! Soll's der Herr Churfürst einmal probiren, wenn er den ganzen Tag an der schweren Arbeit g'wesen ist, ob er hernach sich bei der Nacht, statt sich aus'ruben, hinausgeb'n und b'Felder hüten kann? —

Matzenh. Niederschießen soll man das Wildvieh alles miteinander! 's ist ja doch nur auf der Welt, um uns Bauern z'plagen!

Imml. Und warum dürfen wir nit niederschießen, was auf unfern Grund und Boden kommt? — Ich frag'?

Kreuzh. Da mußt (auf Batzmann weisend) unsern Schulmeister fragen — (spöttisch) der ist ja gar so g'scheit, daß er über Alles ein' Auskunft weiß.

Batzm. Ja — ja — die Auskunft kann ich Euch auch geben! Das Wildpret ist dazu da, damit die hohen Herren ein Vergnügen haben mit der Jagd und Ihr dürft's deßhalb nicht schießen, weil es Niemanden gehört, als dem Landesherrn! — Merkt's Euch — man nennt das Regalia!

Kreuzh. Ja — ja! Und das Herrenvergnügen müssen wir Bauern zahlen, und warum das Wildpret, was frei herumlauft, just nur Ein' g'hören soll, das geht mir halt einmal nit ein!

Matzenh. Ja, wann das so sein sollt', hätt' der liebe Herrgott den Hirschen und Rehen gleich a Wappen n'aufdruckt!

Kreuzh. Ich begreif' gar nicht, daß unser Churfürst, der Max Josef, der doch sonst die gute Stund' selber ist, kein' Abhilf' trifft!

Matzenh. Ja, wenn wir Bauern einmal gradaus mit ihm reden könnten. Aber wir müssen noch hübsch stad sein.

Batzm. (unwillig aufstehend) Ihr seid alle unverbesserliche Raisonnairs! Aber man wird Euch schon noch Mores lehren! (Sieht gegen das Einfahrtsthor.) Da sebt nur! sebt!

Zweite Scene.

Vorige. Jäger. Landreiter. Heinz.

Heinz, Jäger und Landreiter (erscheinen außerhalb des Einfahrtthores, machen Halt, besprechen sich untereinander und zerstreuen sich dann nach verschiedenen Richtungen).

Kreuzh. (hinsehend). Jäger — Strickreiter! — Was wollen die?

Matzenh. Und der Schergenknecht, der Heinz, ist ah dabei!

Imml. Die haben g'wiß wieder ein' arinen Teufel am Korn und machen a Streif!

Batzm. Der Heinz kommt herein — wenn ich dem a Wörtel von dem verrathet, was Ihr eben geredet habt — — na! Ich will aber Keinen unglücklich machen! Ich rath' Euch nur — nehmt Euch in Acht! Und somit Ables! (Geht durch die Einfahrt ab, dem eintretenden Heinz sorgfältig ausweichend.)

Heinz (im grauen Rocke, einen Säbel umgürtet und einen Stock in der Hand, tritt trotzig ein und setzt sich allein an einen Tisch links).

Kreuzh. (leise zu den andern Bauern auf Heinz deutend). Wann ich den Kerl nur seh, steigt mir schon b'Gall auf — sein keine vierzehn Tag', daß er mir mei schönste Kuh pfändt hat wegen a paar lumpigen Gulden, mit die ich an der Steuer noch im Rückstand war!

Eine Kellnerin (stellt rasch einen Krug ohne Deckel vor Heinz). Da hat Er sei Bier — nachher schau er aber, daß er weiterkommt — und schenir' Er b'ehrlichen Leut' nit! (Läuft rasch von ihm weg.)

Heinz ((bitter für sich). Ja — neben unsereinem setzt sich Keiner! — Unsereiner muß aus ein' Krug ohne Deckel trinken! Unsereins ist unehrlich — und doch — was wär's O'setz ohne Unsereinen! Närrische Einrichtung. (Trinkt — nach den Bauern schielend.) Wie die Kerls auf einmal buchmauserisch ihre Bauernköpfe z'samm steck'n! — Ha ha! Respekt haben's doch vor Unser einem! — (Nach einer Pause zum anderen Tische hinüberredend.) Na — Ihr Bauern! lamentirt's ja immer über b'schlechte Zeit — jetzt ist Geld z'verdienen! Fünfzig Gulden hat 's Landsg'richt als Preis ausg'setzt für den, der den Nußberger und sein' Buben einfangt!

Kreuzh. (trocken). Wir pfuschen den Schergenknechten nit in's Handwerk!

Matzenh. Aber was hat benn der Nußberger gar so Arg's verbrochen?

Heinz. A malefizischer Wildbieb ist er — hat ein Hasen mit der Schling' g'fangt — kommt in's Zuchthaus — das heißt wenn wir ihn erst haben!

Kreuzh. (zornig aufwallend). Und wegen ein' miserablichen Hasen? —

Heinz. Rebellir' nicht, Kreuzhuber! Wenn Du bei Maul so spaziren geh'n laßt, könnt's leicht g'schehen, daß ich noch einmal in dein' Kuhstall Musterung halt!

Kreuzh. (die Faust ballend). Könnt' aber ah leicht g'schehen ——

Matzenh. (leise zu Kreuzhuber). Vergiß Dich nicht! (Zu Heinz.) Aber was ist's benn mit dem Buben? hat der ah Hasen g'fangt?

Heinz. Das nit! Aber der Has war im Hof im frischen Klee versteckt — der Bub' hat's g'wußt, und hat's dem Herrn Landrichter bei der Haussuchung weg=g'laugn't — dafür kommt er auf die Bank, und (macht mit dem Stocke die Bewegung des Schlagens), d. h. wenn wir ihn erst haben!

Kreuzh. (wüthend). Und dafür soll der Bub' g'straft werden, daß er sein' leiblichen Vater nicht verrathen hat? (Schlägt mit der Faust auf den Tisch.) Kreuz Dividomini! — Jetzt wird's schon z'bick!

Heinz (aufstehend und sich vor Kreuzhuber hinpostirend). Was meinst, Bauer! Ich will nit hoffen, daß Du was einzwenden hast! Wer Wildpret find't und mitnimmt, oder gar fangt, wird malefizisch abg'straft, so steht's im Mandat, und wer so was weiß und nicht anzeigt, kriegt seine Tracht Prü=gel — und das wird g'schehen — d. h. wenn wir's erst haben! Punctum! (Stülpt seinen Hut auf und schreitet gravitätisch wieder ab.)

Kreuzh. Herrgott! Wie's mich in der Faust juckt! Wenn man so ein Kerl nur anfassen und durchbläuen dürft', wie ein' andern ehrlichen Christenmenschen! — (Setzt sich wieder und stützt das Haupt in die Hand.) Was aus der Wirthschaft noch werden soll — das weiß ich nit!

Imml. Daß solche Leute so übermüthig werden, das ist erst, seitdem der bairische Hiesel nicht mehr da ist! Wenn der da wär'! der hat's verstanden, dem Jäger= und Schergenvolk ordentlich aufz'baumen!

Matzenh. Ich hab' auch schon davon g'hört — aber wo ist er denn hinkommen?

Imml. Hei! der Churfürst hat ihn aufz'heben geben, damit er nit g'stohlen wird! Sie sein ihm schon lang nach'gangen wegen sein' Wildern, z'letzt haben's ihn Nachts erwischt — hab'n ihn aus'n Bett herausg'holt und nach Münster in's G'fäng=niß g'schickt!

Kreuzh. Mich wundert's, daß er sich hat erwischen lassen, denn das weiß ja alle Welt, daß er kugelfest ist und ein' verherten Hut hat!

Mehrere Bauern (von den Nebentischen aufstehend und zu den Sprechenden tretend). Was hat er? — Ein' verherten Hut? — Und kugelfest?

Kreuzh. Na, was benn? — Ka Kugel geht ihm ein! Mei Vetter, der Kramer von Mehring, hat ihn selber g'seh'n, im dortigen Wirthshaus, wie er sich mitten und frei in b'Stuben hing'stellt hat und auf sich hat schießen lassen, und hat b'Kugel mit der Hand aufg'fangt. Und mit dem Hut hat's auch sei Richtigkeit! — In dem Hut sitzt der Fanterl, und wie er sein Ohr hinein=hält, so sagt der ihm, wann etwan a Jager oder a Scherg' in der Näh' ist!

Matzenh. (erstaunt). Merkwürdig! Hab' auch schon allerhand von ihm g'hört! Schießen soll er können, daß er auf hundert Schritt aus einer Spielkarten ein Aß her=ausschießt, und wann die Jager oft schon g'glaubt haben, sie hätt'n ihn — ist er beim Fenster 'naus, und von Baum zu Baum g'sprungen wie ein Eichkatzel! — Ja, wann der wiederkäm'! —

Dritte Scene.
Vorige. Stegmaier.

Stegm. (mit einem sehr hohen und breiten Kasten auf dem Rücken, und auf einen Stab gestützt, ist während des vorhergehenden Gespräches durch die Einfahrt gekommen, hat sich an einen Tisch gestellt und die Riemen seines Kastens von der Schulter losgelöst).

Imml. (ihn erblickend). Ah, der Stegmaier! Was führt denn Euch daher am Erbhof?

Stegm. Na! hab' g'hört, daß da a Hochzeit ist — hab' g'laubt, ich werd' was absetzen von meiner Waar' — schwer ist mei Kramkasten g'nug — 's brauchet's mir wirklich nicht noch Bären d'ran z'binden!

Imml. Bären? Was meinst's?

Stegm. Na, euer Gepappel da vom bairischen Hiesel, was ich just g'hört hab'! Macht's nit so viel Aufhebens von ihm! Ist halt a Wilddieb wie ein' and'rer, und wie's es bei uns daheim in der Rheinpfalz ah gibt! So a Reden! Alle die Wunder, die hat er nur selber ausg'sprengt, damit man sich vor ihm fürchten soll!

Vierte Scene.
Vorige. Mathias.

Math. (im Jägeranzuge, doch ohne Flinte, ist gleich nach Stegmaier eingetreten, hat die Anwesenden nur flüchtig gegrüßt und an einem Tische Platz genommen).

Mathenh. (zu Stegmaier). Kennt's Ihr den Hiesel?

Stegm. Nein! ich hab'n nie g'sehn, aber 's ist mir leid, daß er eing'sperrt ist, ich hätt' gern mit ihm anbandelt, nur um ihm z'zeigen, daß's noch Leut' gibt, die sich nicht vor ihm fürchten!. Aber (sieht gegen den ersten Stock des Hauses hinauf) mir scheint gar, b'Hochzeit geht schon z'End'?

Mathenh. Na ja — 's ist ja verboten, daß der Tanz nicht bis in den Abend hineinbauern darf! Oben in der Tanzstuben wird's schon dumpfig — und — sieht es! jetzt kommen's herunter — da im Hof ist's noch licht, da werden's den Kehraus machen! — Schiebt's die Tisch a wen'g z'ruck, damit's Platz haben!

Alle (schieben die Tische mehr seitwärts).

Fünfte Scene.

Vorige. Dorfmusiker. Vier Kranzeljungfern, unter diesen Monika, hierauf Naßmüller und Hanni (beide im Hochzeitsschmucke) — ihnen folgen paarweise Bauernbursche und Mädchen, sämmtlich mit großen Blumensträußen geschmückt, die ersteren ihre Hüte schwenkend und jauchzend; — der Zug geht einmal über die Bühne, wieder am Hause angelangt, ordnen sich die Gäste zum Tanze, die Musiker aber gehen die Treppe auf der anderen Seite wieder hinan und bleiben oben auf der Terrasse stehen).

Mehrere Bursche und Naßmüller (den Musikanten zurufend). Jetzt noch ein' Polstertanz! spielt's auf! —

Die Musiker (beginnen einen Ländler zu spielen).

Eine Magd (bringt Hanni ein rothes Kissen).

Hanni (stellt sich mit dem Kissen in die Mitte der Bühne).

Die übrigen Hochzeitsgäste (stellen sich rings im Kreise, sich fest an den Händen haltend, umher).

Die Bauern, Stegmaier und Mathias (stellen sich zu beiden Seiten zusehend hin).

Hanni (tanzt anfangs allein im Kreise einige Schritte, dabei singend):

Buabna! bleibst ruhig
Und werd's mir nit g'scheh —
Den, der auf dem Polster kniet,
Den hol' ich weg!

(Sie legt das Kissen vor Naßmüller auf den Boden.)

Naßm. Ha! mich nimmt's und kein' Andern! (Kniet sich auf das Kissen.)

Hanni (umkreist zuerst den Knieenden einige Male, hebt ihn dann mit einem Kusse auf und tanzt dann mit ihm rasch im Kreise herum, worauf sie ihn losläßt und rasch aus dem Kreise schlüpft).

Naßm. (hebt nun das Kissen auf, tanzt auch zuerst mit demselben allein und legt es dann vor Monika nieder).

Monika (kniet darauf).

Naßm. (tanzt um sie herum, hebt sie auf und will sie ebenfalls küssen).

Monika (es abwehrend). Nein! nein! Du darfst heut' kein' Andere küssen, als dei' Braut!

Naßm. Hast Recht! aber tanzen mußt doch mit mir! (Tanzt mit ihr.)

Math. (Monika mit Wohlgefallen betrachtend, zu dem neben ihm stehenden Immlinger). Wer ist denn das wunderliebe Kind?

Imml. Weiß's nit — sie ist nit aus'n Ort!

Naßm. (ist nach beendetem Tanze auch aus dem Kreise geschlüpft).

Monika (steht nun mit dem Kissen in der Hand und sieht während umher; ihr Blick fällt auf den nahe an den Kreis getretenen Mathias — eine eigenthümliche Empfindung drückt sich in ihren Mienen aus — endlich legt sie das Kissen gerade ihm zu Füßen).

Math. (erfreut). Mich wählt die Jungfer? — g'rab mich? (Kniet sich rasch nieder.)

Monika (umkreist ihn, bückt sich, um ihn aufzuheben, nieder).

Math. (drückt ungestüm einen Kuß auf ihre Wangen, umschlingt sie und beginnt mit ihr innerhalb des Kreises auf eine bei weitem graziösere Weise als die Früheren zu tanzen).

Alle Gäste (betrachten das Paar voll Verwunderung; der Kreis löst sich).

Maßenb. (in die Hände patschend). Sapperment! — das nenn' ich ein Tanz!

Imml. Schau! schau! sonst mögen unsre Burschen nit gern ein'n Jager unter sich — aber den gassen's mit offenen Mäulern an!

Alle Bursche (nachdem der Tanz geendet). Bravo! bravo! (Klatschen Beifall.)

Monika (schlüpft nach beendigtem Tanze durch die Reihen gegen den Vordergrund links, wo sie fast athemlos, nach Luft ringend, stehen bleibt, für sich). Ah! ich weiß gar nicht, wie mir bei dem Tanz g'schehen ist!

Math. (zu den Hochzeitsgästen). Verzeiht's, Leut'! daß ich mich eindräng hab', aber wer könnt' denn so einer Aufforderung (auf Monika weisend) widersteh'n?

Naßm. (zu Mathias). Recht habt's g'habt — aber nach Euch traut sich schier Keiner mehr z'tanzen! (Zu den übrigen Paaren.) Ich denk', 's ist g'scheiter, wir nehmen noch ein'n Abschiedstrunk und nachher (Hanni umschlingend) geh'n wir heim! (Zärtlich zu dieser.) Nit wahr, Hannerl?

Hanni (schmiegt sich verschämt an ihn).

Die Bursche (führen ihre Mädchen zu verschiedenen Tischen, wo sie sich setzen).

Math. (tritt zu dem Tische, an welchem Monika allein steht, in bescheidenem Tone). Will mir die Jungfer wohl erlauben, daß ich ihr G'sellschaft leist'? — Sie ist da so ganz allein!

Monika (mit zu Boden geschlagenen Augen). Ich kann's dem Herrn wohl nit verwehren.

Math. (einschmeichelnd). Ich möcht' aber gern, daß die Jungfer mir das Dableiben nicht nur nicht g'rab' verbiet', sondern daß sie's erlaubt, daß sie's gern sieht, wann ich bei ihr bleib'.

Monika (ihm einen raschen Blick zuwerfend, wieder heiterer). So g'schwind schießen bei mir daheim die Jager nit!

Math. (sie sanft auf den Stuhl neben sich niederziehend und sich ebenfalls setzend). Ich bin aber gar a b'sonderer Jager und hab' mei' b'sondere Weis', d'rum möcht' ich gar g'ern wissen, wo b'Jungfer daheim ist und wie sie heißt?

Monika. Der Herr wird's doch nicht kennen, wenn ich's auch sag', 's is gar a klein's Dörfel — d'rüben an der Paar — nit weit von Friedberg — Kissing heißt's!

Math. (heftig bewegt). Kissing?! (Sich bemeisternd.) Ja — das ist wohl a klein's

— aber a gar lieb's, freundlich's Oertl! — Das kenn' ich gut.

Monika (mit kindischer Freude). Ist's wahr? — der Herr kennt unser Dörfel, und 's g'fallt ihm dort?

Math. Ich bin dort g'wesen — einig's Mal als Bub' — bin lang fort — aber 's ist mir doch fest in der Erinnerung blieben.

Monika. Da ist's dem Herrn g'gangen wie mir! Ich bin wohl in Kissing daheim, aber ich hab' schon als klein's Madel fort müssen zu einer Frau Mahm, die a groß's Gut hat, gegen Friedberg zu! — Ich bin seitdem wenig mehr hinkommen, aber ich hab's doch nicht vergessen.

Math. Und das Haus, wo die Jungfer daheim ist, will sie mir das nicht sagen? und ihren Namen dazu?

Monika. Warum denn nit? Ich bin auf dem Baumüllergut daheim und heiß' Monika!

Math. Ah! das Gütl kenn' ich recht gut — die Paar fließt fast vorbei —

Monika. Ja, ja! bis da, wo's ein biegt auf der großen Wiesen, weiß der Herr — nit weit von dem klein'n Häusel, wo der alte Brentan wohnt, der Holz schnitzler —

Math. (etwas beklommen). Weiß die Jungfer das Haus auch?

Monika. Ob ich's weiß! — bin ja oft hinkommen, und hab' dem alten Klostermaler — wißt 's, so heißt der alte Brentan, zug'schaut, wie er seine Kreuzeln und Herrgotts g'schnitzelt hat. — Und dann, welche Kissingerin sollt' das Haus nit kennen? Ist's doch die Heimat vom bairischen Hiesel!

Math. Da kennt Sie wohl den bairischen Hiesel auch?

Monika. Als Buben hab' ich ihn wohl kennt und bin oft mit ihm in's Nußbrocken g'gangen — dann bin ich aber fortkommen, und hab'n nit weiter g'seh'n! Aber ich hab' oft an ihn denken müssen, wenn so Alles von ihm erzählt hat, und — (Stockt.)

Math. (faßt ihre Hand). Und —?

Monika. Und mir ist immer in' Sinn kommen, was er für a lieber, herzensguter Bua war — und daß er jetzt so ein armer, verfolgter Mensch worden ist. (Trocknet sich die Augen, dann ablenkend.) Aber bei wem ist denn der Herr g'wesen in Kissing?

Math. Ich — ich war öfters beim Jäger — beim Wörschinger! — Ob er wohl noch lebt, der alte Leonhard?

Monika. G'wiß weiß ich's nit — aber g'hört hab' ich, daß a neuer Jäger hin kommen soll, also muß er wohl schon todt sein!

Math. Gott tröst' ihn! war a braver Mann! — Aber das Jägerhaus —

Monika. Ja, das liegt gar so schön mitten im Wald — und lugt so freundlich aus den grünen Buchen heraus.

Math. Na — möcht' die Jungfer nicht da b'rinnen wohnen und wirthschaften als Frau Jägerin?

Monika (blickt verschämt zu Boden, dann sich vom Sitze erhebend). 'S wird wohl Zeit sein, daß ich wieder heimgeh'. (Will fort.)

Math. (sie an der Hand zurückhaltend). Geb' Sie mir doch erst Antwort! Wann ich jetzt so a Platzl und so a Jägerhaus wüßt' und ich wär' der Jäger und käm' zu Ihr und fraget, ob Sie mei' Jägerin werden wollt'?

Monika (ihm ihre Hand entziehend). Mach' der Herr nit mit mir ein' Spaß, sondern mit Seinesgleichen — dort kommen ja solche — (Eilt rasch gegen das Haus über die Treppe, bleibt aber oben auf der Terrasse stehen.)

Math. (auf die Kommenden sehend, für sich) Richtig! da kommen Jäger! — aber meines Gleichen?! (Stemmt den Arm auf den Tisch, stützt den Kopf in die Hand und blickt sinnend vor sich hin.)

Sechste Scene.

Vorige. Schwarzbeer. Robert. Hubert. Mehrere andere Jäger.

Schwarzbeer, Robert, Hubert und die Jäger (kommen sichtbar verstimmt durch die Einfahrt in den Hof).

Rob. Wieder umsonst geplagt und den Rechten nicht aufg'stöbert!

Hub. Ich hätt' wohl die fünfzig Gulden gern verdienen mög'n.

Schwarzb. Aufg'schoben ist nicht aufg'boben! Wir kriegen's doch noch! Indeß stärken wir uns mit ein paar Krügeln Bier! (Setzt sich, seinen Stutzen zwischen den Beinen behaltend, zu den Uebrigen.) Legt's eure Flinten dort ab und setzt Euch daher zu mir.

Die Andern (lehnen ihre Stutzen an die Wand hinter dem Tische, setzen sich dann an einen Tisch rechts und rufen). He da! Kellnerin! Bier! Bier!

Nanni (kommt, in beiden Händen Krüge tragend, die sie auf den Tisch stellt). Na — na — ich kann ja nicht fliegen — und mehr als zwei Händ' hab' ich auch nit!

Hub. (bemerkt Mathias, etwas leiser zu den Uebrigen). Ist das nit auch ein Jager? (Zu Nanni.) Weiß Sie nicht, bei was für ein'n Herrn der dient?

Nanni. Kenn' ihn nit und hab' ah nit Zeit, nach ihm umz'fragen! (Entfernt sich wieder.)

Schwarzb. (zu den Jägern). Laßt's nur mich machen! Den will ich bald herausshaben wie den Dachs aus dem Bau! Sagt's, der Schwarzbeer hat Euch's g'sagt! (Zu Mathias hinüberrufend.) Der Herr ist wohl auch vom Waidwerk — also sein wir Cameraden!

Math. Vom Waidwerk bin ich wohl, aber mit der Cameradschaft wird's nicht weit her sein.

Schwarzb. Warum denn? Der Herr muß sich nur durch a paar Waldsprüch' ausweisen, daß er wirklich a Jager ist!

Sag' Er mir einmal, was ist das für a Thier, was mit zwei Löffeln frißt?

Math. (sich unwillig abwendend). Fopp Er sich selber! — Ich hab' ihn auch nicht g'fragt, wer er ist.

Schwarzb. Unsereinem sieht man das wohl am G'wand an, aber eben darum hat man auch ein Recht, Jeden, der so ein' Rock trägt, darnach zu fragen, ob er ihm auch gebührt? Man hat ein Recht, nach der Kundschaft zu fragen!

Math. Darnach fragen kann Er, aber g'sehen kriegt Er's nicht!

Schwarzb. (zu den Uebrigen). Mit dem Burschen ist's nicht richtig! Denkt, der Schwarzbeer hat Euch's g'sagt! (Wieder zu Mathias laut.) Und nit einmal ein'n Stutzen hat der Camerad!

Math. Der kommt nach — aus München, wo ich in Diensten war.

Schwarzb. So? bei wem denn?

Math. (abtrumpfend). Beim Baron Pesterl!

Schwarzb. Die Herrschaft hab' ich noch nie nennen g'hört — die hat wohl so wenig Jagdbarkeit, daß Er 's Schießen verlernt hat?

Math. Ich glaub' kaum! (Steht rasch auf, tritt zu Schwarzbeer.) Mit Verlaub! (Reißt schnell Schwarzbeer's Stutzen an sich.)

Schwarzb. (aufspringend). Was soll das?

Math. Nur ruhig! Die Kundschaft kriegt Er von mir nicht zu seh'n — aber daß ich noch schießen kann, will ich dem Herrn zeigen! — Sieht Er den Raben, der dort (in die Scene links weisend) über die Aecker hinstreicht?

Schwarzb. (hinsehend). Der ist ja fast außer der Schußweite.

Math. Nicht so weit, daß ich ihm nicht den Kopf herunterputzen sollt'! (Drückt los.)

Schwarzb. (erstaunt). Meiner Seel'! — Der Vogel dreht sich — b'Federn stäuben um ihm ba! Da bringt ihn schon a Bursch!

Ein Bursche (bringt von links einen Raben ohne Kopf herein).

Schwarzb. Laß' schau'n! (Nimmt den Raben, noch mehr verwundert.) Das weiß der Teufel, wie er's ang'stellt hat — der Kopf ist wirklich wurzweg abg'schossen!
Die Bauern (verlachen die Jäger).
Kreuzh. Ha ha ha! Bei dem könnt's Jhr halt' doch noch in b'Lehr geh'n!
Schwarzb. (unwillig). Schweigt, Bauernvolk! — Aber (aufhorchend) was ist das?
(Man hört von der Einfahrt her die Stimme Andres' weinend:) Helft's — laßt's mich — (dazwischen die Ruprechts:) Fort, Lump! mit mir! (dann die Stimme der Frau Broni:) Laßt ihn los! sag' ich — (wirr durcheinander).
Alle Jäger (aufspringend). Was gibt's denn?

Siebente Scene.

Vorige. Ruprecht. Andres. Frau Broni.

Rupr. (schleppt Andres am Kragen aus der Einfahrt in den Hof).
Broni (eine dicke Frau mit hochaufgestreckten Aermeln, den Kochlöffel in der Hand, folgt).
Rupr. (zu den Jägern). Da ist der Nußberger Hallunk! — Ich bin in b'Kuchel gangen, um mir mei Pfeifen anz'brennen, da sitzt der Bursch' ganz frech am Herb und laßt sich's schmecken!
Broni. Und warum soll das Bübel nit essen, was ich ihm geben hab'? Er ist in mei Kuchel kommen, völlig verlechzt und ausg'hungert, und ich möcht' wissen, wer sich unterstehen kann, ihn aus meiner Kuchel fortz'führen!
Schwarzb. (zu Broni). Jhr sein mir 'a Rechenschaft schuldig! Haben wir erst 's Junge, dann bleibt uns der Alte auch nit aus! — bindt's ihm die Händ' am Rucken!
Einige Jäger (eilen hin und binden Andres die Hände auf den Rücken).

Hub. (drohend zu Andres). Wo ist dein Vater? Lump!
Andr. (trotzig). Sucht's ihn, wenn's es wissen wollt's!
Hub. (wüthend). Kerl! ich will Dir — (Erhebt die Hand zum Schlage.)
Broni (rasch dazwischentretend). Laßt's das Kind in Ruh'! — Ich — die Wirthin am Erdweg — seib's einmal nit, daß Jhr ihn so tractirt! — Was kann denn so a halbg'wachsenes Bübel gar so Arg's ang'stellt haben?
Rupr. Sei Vater hat ein' Hasen g'fangt und im Klee versteckt — der Bub' hat's g'wußt und doch wegg'laugnt!
Broni. Und deswegen soll das Bübel in's G'fängniß?
Alle Bauern (drängen sich laut murrend gegen Ruprecht und Andres).
Schwarzbeer und die Jäger (treten vor Ruprecht und Andres).
Schwarzb. (zu den Bauern). Bauern! daß sich Keiner von Euch b'reinmengt! — Jhr kennt's die Folgen! Nur fort mit dem Buben! — — —
Math. (stößt plötzlich Schwarzbeer und die Jäger mit kräftigen Armen zu beiden Seiten weg, drängt sich zu Andres, stößt auch Ruprecht fort, dann zu dem Knaben). Komm bei! Kleiner!
Die Jäger (ganz verblüfft). Wer untersteht sich?
Math. Jch! (Zieht rasch den Hirschfänger und schneidet die Stricke, mit welchen Andres' Hände gebunden sind entzwei, steht aber dabei so, daß er die angelehnten Flinten in seinem Rücken hat). Lauf zu! 's soll Dir kein Mensch was anhaben!
Schwarz. (außer sich). Die Frechheit! Jetzt packt's den — (Auf Mathias weisend.)
Alle Jäger (wollen auf Mathias eindringen).
Andres (entläuft inzwischen).
Math. (springt rasch zu der Wand, an welcher die Flinten lehnen, ergreift eine derselben und läßt den Hahn knacken). Packt's mich, wenn's Courage habt's!
Schwarzb. Was soll das heißen?

Math. Das soll heißen, daß Ihr noch drei Minuten Zeit habt's, Euch aus'n Stand z'machen! — Wer nach drei Minuten noch da is, dem blas' ich's Lebenslicht aus — (auf die Flinten zurückweisend) ich hab' just für jeden Mann a Kugel!
Die Bauern. Bravo! bravo! so ist's recht! fort mit den Jagern!
Schwarzb. Wer untersteht sich —
Math. Nit g'fragt und nit g'muckst! — Ich zähl' — wenn ich bis auf Drei komm', und Einer ist noch da — dann kracht's!
Hub. So laßt uns doch wenigstens unsere Büchsen mitnehmen!
Math. Die bleiben da, als Pfand — morgen könnt's es beim Wirth abholen. Den Stutzen vom Waldhüter aber, mit dem ich Euch mei' Kundschaft' zeigt hab', den b'halt ich zum Andenken!
Schwarzb. (jammernd). Mein Stutzen!
Math. Also frisch, Jäger! — (Zählt, die Flinte zum Schusse bereit haltend.) Eins! —
Rupr. Vermaledeiter Kerl!
Math. Zwei!
Schwarzb. (sich bereits etwas zurückziehend, doch noch drohend). Wir treffen Dich schon wieder!
Math. Drrrr ——
Schwarzb. (aufschreiend). Er schießt!
Alle Jäger (ergreifen eiligst die Flucht).
Alle Bauern (jubelnd). Hurrah! Jube! D'Jager sein g'jagt!
Kreuzb. (zu Mathias). Selb's a Mordskerl! — Gebt's mir euer Hand!
Alle Uebrigen. Ja — uns auch!
Stegm. (hält auch Mathias seine Hand hin). Mir auch!
Math. (zu Stegmaier). Ihr? — Na — jetzt habt's mich g'seh'n — habt's noch Lust mit mir anz'bandeln?
Stegm. (überrascht zurücktretend). Ihr seid's?
Kreuzb. (freudig). Hab' ich mir's doch schon halb und halb dacht — der bairische —
Alle Bauern (aufjubelnd). Der bairische Hiesel!

Math. Jetzt kennt's mich — wann vielleicht Einer Lust hat mich z'fangen! (Will fort.)
Kreuzb. (seine Hände fassend). Euch — Euch z'fangen? — Ihr seid's ja der, der sich um uns arme Bauern annimmt Ihr vermindert's den Wildstand, damit das Getheier uns kein' Schaden bringt — Euch segnen wir Alle! und auf Euch ist a Liebl dicht worden, was jedes Kind im ganzen Land auswendig weiß! (Zu den Musikanten hinaufrufend.) Spielt's mir's auf — 's ist ja mei Leiblied auch! und Ihr (zu den Bauernburschen) singt's es Alle — damit er sieht, wie 's Volk ihn in Ehren halt!

Lied mit Chor.

Ich bin der bairisch' Hiesel,
Ka Kugel geht mir ein,
D'rum fürcht' i ah kein' Jaga,
Und sollt's der Teufel sein!
Im Wald b'raußt ist mei Heimat,
Im Wald braußt ist's a Leb'n,
Da schieß' ich b'Reh und b'Hirschen
Und b'Wildschwein auch daneb'n!

Es gibt ka schöner's Leben,
Als ich führ' auf der Welt,
Die Bauern geb'n mir z'essen,
Und wann ich's brauch', noch Geld!
D'rum thu' ich b'Felder schützen
Mit meine tapfern Leut',
Und wo der Hiesel hinkommt,
Ui, Gott! das ist a Freud'!

Alle (schwenken die Hüte, umdrängen Mathias, drücken ihm die Hände). Vivat! der bairische Hiesel soll leben! Hoch! hoch! hoch!

(Unter dem allgemeinen Jubel fällt der Vorhang.)

Zweites Bild:

In der Heimat.

Aermliche Stube im Häuschen des alten Brentan Klostermaler mit einer Mittel- und einer Seitenthür links. Im Vordergrunde links ein alter Eichentisch, an demselben einige Stühle, rechts an der Hinterwand ein breiter Kachelofen, rings um denselben eine Ofenbank.

Erste Scene.
Brentan. Mirl.

Brentan (ein sehr alter Mann mit fast kahlem Scheitel und wenigen schneeweißen Haaren, sitzt bei einer trüben Oellampe am Tische, bemüht mit einem kleinen Messer ein Kreuz aus Lindenholz zu schnitzen. Stücke Holz — eine kleine Säge und andere Werkzeuge liegen vor ihm auf dem Tische).
Mirl (ein noch junges Mädchen, sitzt auf der Ofenbank, vor sich ein Spinnrad — sie blickt, während sie spinnt, wiederholt besorgt auf Brentan).
Brentan (legt die Arbeit weg und fährt sich mit dem Ballen der Hand über die Augen). Es geht nit mehr! — Die Augen brennen mich wie Feuer — und 's ist, als wann ich Alles nur durch ein' Nebel sehet!
Mirl. Sollt'st Dich halt nit so anstrengen, Vater! — und gar bei Nacht! —
Brentan. Wann denn sonst? — Was ich beim Tag, wann ich mit dem Vieh auf der Weid' bin, schnitzeln kann — das gibt nichts aus — ich hab' z'viel z'thun, b'Küh' z'saumz'halten — und der Friedberger Jahrmarkt ist vor der Thür, bis dahin soll ich a paar Dutzet Herrgotts fertig haben!
Mirl (seufzend). Freilich! Wir haben auch nit mehr weit auf Maria Geburt, da soll wieder die Gilt zahlt werden! Aber bis dahin hab' ich schon wieder so viel Garn beisammen, daß 's a schön's Stückl Leinwand gibt — die Wirthin will mir's abkaufen.

Brentan. Ja, Du weißt alleweil Rath, und hast mir noch ka böse Viertelstund' g'macht! Ja — wann mein Bua nur ein Aberl von Dir hätt'! — (Blickt traurig vor sich hin und fährt sich wieder mit der Hand über die Augen.)
Mirl (steht rasch auf und tritt zu ihm). Du weinst schon wieder! — Und weißt doch, daß Gift ist für deine kranken Augen! — (Unwillig.) Der Bua ist's wirklich nicht werth!
Brentan. Ich wein' ja nit! Die Augen geh'n mir nur vor Schwächen über! — Wenn das so fortgeht, werd' ich bald gar nit mehr schnitzen können!
Mirl. So gib's ganz auf! Vergönn' Dir Ruh' — so lang ich ein' Finger rühren kann, soll Dir doch nichts abgeh'n!
Brentan (bewegt, seine Hand auf ihr Haupt legend). Ja, ja, Mirl! bist a gute Tochter, die ihren Vater in Ehren halt! 's soll Dir auch gut geh'n dein Leben lang! (Sich in den Stuhl zurücklehnend und die Hände im Schooße faltend.) Hab' mir freilich Alles anders denkt, aber — für Dich ist's besser, daß 's so hat kommen müssen! — Du kriegst jetzt das Häusel allein, b'Grundstuck sein zwar nit groß, aber für a paar fleißige Leut' langen's aus! — Schau' Dich halt um ein' braven Mann um!

Zweite Scene.
Vorige. Mathias.

Math. (öffnet leise die Mittelthür und bleibt von den Beiden unbeachtet auf der Schwelle stehen. — Er hat den Hut tief in's Gesicht gedrückt und die Flinte in der Hand).
Mirl (die Augen finster zu Boden schlagend). Ich krieg' kein'! —
Brentan. Warum denn nit? — bist brav und fleißig — hast a gut's G'sicht — und gar so g'ring ist die Brautgab' doch ah nit! —
Mirl. Ich krieg' doch kein'! —

Brentau. Aber so red' doch! Warum meinst das?

Mirl. Du wirst's nit gern hören — Vater! — aber 's will Keiner einheiraten beim Brentan — weil — weil Keiner sein — Schwager im Zuchthaus wissen will!

Brentan (preßt beide Hände vor die Augen und läßt das Haupt auf die Tischplatte sinken).

Math. (tritt vollends ein und schiebt an der Thür den Riegel vor, dann mit lauter Stimme). Dort ist er nimmer! dort — nimmer!

Mirl (heftig erschreckt). Jesus Maria! (Starrt Mathias an.)

Brentan (das Haupt wieder erhebend, in freudiger Ahnung). Die Stimm'! — (Erhebt sich vom Sitze, die Arme zitternd ausbreitend.) Hiesel! — Du — Du wieder da?

Math. (seine innere Bewegung bekämpfend). Ich bin's, Vater! — bin wieder frei! — Weiß' jetzt nit, was ich zunächst thun und wohin ich mich wenden soll — aber daher nach Kissing komm' ich wohl so bald nicht wieder, b'rum hab' ich da nicht vorbeigeh'n wollen, ohne „B'hüt Gott!" z'sagen!

Brentan (hat sich wieder gesetzt, traurig). Also willst wieder fort? — wieder auf den alten Weg?

Mirl (unwillig). Das siehst ja, Vater, schon an sein' G'wand!

Math. Das Jägerg'wand hab' ich mir erst kauft — oder (mit verbissenem Zorn) hätt' ich vielleicht in dem g'wissen grauen Kittel wieder kommen sollen? (Zu Mirl trotzig.) Aber wegen deiner bin ich nit kommen, ich weiß's wohl, daß's Dir am liebsten g'wesen wär', wenn sie mich ganz b'halten hätten — in München! — Aber ich komm', um den Vater wiederz'seh'n, und b'Mutter?

Brentan (die Hände zitternd zum Himmel erhebend). Dei' Mutter?!

Mirl (bricht in lautes Schluchzen aus, hüllt die Augen in ihre Schürze und eilt wieder zur Ofenbank, auf welche sie sinkt).

Math. (Fürchterliches ahnend, hält sich an der Tischplatte, mit stockender Stimme). Vater! — was soll das bedeuten? — b'Mutter? es ist nit möglich!

Brentan (mit dem Haupte nickend, traurig). Und — 's ist doch so — sie hat's g'schwind g'macht — am nächsten Irtag sein's eili Wochen, daß wir's eingraben haben!

Math. (stößt einen unarticulirten Schrei aus und sinkt dann mit gebrochener Kraft in einen Stuhl am Tische, beide Arme über denselben kreuzend und sein Haupt darauf sinken lassend).

Brentan (nach einer Pause). Weinst, Hiesel? — Hast schon Recht, daß D'weinst — denn Du bist mit b'Ursach'! — Wie's Dich von da g'fangen fortg'führt haben — das war der Nagel zu ihrem Sarg! Und wie wir dann Alle um ihr Sterbbett herumg'standen sein und schon g'meint haben, sie hätt's überstanden, da hat sie sich noch einmal kerzeng'rad aufg'richt' im Bett, b'Augen weit aufg'rissen und hat sich umg'schaut in jedem Winkel, als ob's Dich suchet —

Math. (schluchzt stöhnend).

Brentan. Ja, ja, wein' nur und bet' auch für sie — denn wann sie Ein's in der Ewigkeit z'verantworten hat, so ist's das, daß's Dir z'viel nachgeben, Dir z'viel freien Willen lassen hat!

Math. (sich plötzlich wieder trotzig erhebend). Mach' meiner Mutter im Grab' keine Vorwürf'! Sie war gut mit mir — vielleicht zu gut — aber z'verantworten soll's wegen meiner nichts haben! Sie nit — und Du auch nit, Vater! Kein' Menschen soll's aufbürdt werden, wie's ausgeht mit mir — gut oder bös — ich nehm's allein auf mich! — Also b'hüt Gott, Vater! — ich seh' schon, hier ist meines Bleibens nit! (Will fort.)

Brentan. Hiesel! — Geh' nit so fort von mir! geh' nit wieder fort! Leicht, daß b'mich, wann's D'wiederkommst, auch nit mehr über der Erden findt'st! — Bleib' da, und 's soll Alles vergessen sein! Gib' das Wildschützenleben auf, werd' ein ordentlicher Bursch' — mach', daß ich, wenn ich deiner Mutter in b'Ewigkeit folg', ihr

sagen kann, daß ihr Sohn, den sie noch
am Todtenbett' g'sucht hat, nit verloren ist!
Math. (starrt unschlüssig gegen den Boden
— nach einer kurzen Pause). Ich kann nit,
Vater! — B'hüt' Gott! — gib' mir noch
einmal dei' Hand — (Hält ihm die Hand hin.)
Brentan (abwehrend). Auf den Weg
nit, den Du gehst!
Math. (trotzig). Na — so muß ich halt
ohne euer „B'hüt' Gott" geh'n! (Drückt den
Hut wieder in die Stirne und will fort.)

Dritte Scene.

Vorige. Pfarrer Wolf.

(Es wird stark an der Thür gepocht.)

Brentan (aufstehend). Was ist das? —
wer kommt heut' so spät noch zu uns?
Math. Mir gilt der B'such! — Die
Schergen haben's ausg'wittert, daß ich da
bin! Ha ha ha! — Da kannst sehen, Vater, was ich z'hoffen hätt', wann ich da-
bleibet, aber da (gegen die Seitenthür links weisend) ist noch ein Ausweg gegen 's Gartel,
und wann ich da Ein begeg'n — (Spannt den
Hahn.)
Mirl (ist auch aufgesprungen, zur Mittelthür
gerannt und hat das Ohr horchend an dieselbe
gelegt).
Wolf's Stimme (von außen). So
mach't doch auf!
Mirl (zu Brentan hinüberrufend). 's ist
nichts G'fährliches! ich glaub', nach der
Stimm' ist's unser Herr Pfarrer!
Wolf (von außen). Ja — ja — der
ist's auch! — Macht nur auf!
Mirl (schiebt den Riegel zurück).
Wolf (ein hochgewachsener alter Mann mit
weißen Haaren, in einem langen schwarzen Rocke,
tritt ein und legt seine Hand auf Mirls Haupt,
lächelnd). Meine Schäflein erkennen die
Stimme ihres Hirten und erschrecken nicht
vor mir, obwohl ich Wolf heiße! — Nun,
Ihr seht, ich komm' aber auch nicht im
Schafspelz(Rings grüßend.)Guten Abend,
meine Lieben!

Brentan. So spät bemühen sich Hochwürden noch zu uns! — Wie kommen wir
denn zu der b'sondern Gnad'?
Wolf (auf Hiesel blickend). Was ich such',
hab' ich gefunden!
Math. (der sich bei Wolf's Eintritt umge-
wandt hat, aber die Flinte noch immer schußbereit hält). Also wegen mir? —
Wolf (freundlich). Ja, wegen Dir, Du
wilder Jäger! Was stehst Du noch immer
schußbereit? — Ha, fürchtest wohl, daß
hinter dem Schwarzrock die Grünröcke nach-
nachkommen? (Lächelnd mit dem Finger drohend.) Ich hab' schon erfahren, was Du —
kaum frei geworden — wieder drüben auf
dem Erbhof angestellt hast!
Math. Hätt' ich zuschauen sollen, wie
die rohen Jäger den armen Buben miß-
handelt haben? — Und wann's mir auf
der Stell' den Kopf kost't hätt' — ich hätt's
nit über's Herz bracht!
Wolf. Ueber's Herz! — Ja — dein
Herz hab' ich stets als gut erkannt — bist
ja mein Pfarr-, Schul- und Beichtkind!
aber mit deinem Herzen rennt oft alle
Ueberlegung davon! — Du hast dennoch
wieder unrecht gehandelt! indeß — der Ei-
genthümlichkeit des Falles wegen will ich's
beim Gerichte durchsetzen, daß man dießmal ein Auge zudrückt — aber Du mußt
mir dagegen etwas versprechen.
Math. Was denn, Hochwürden?
Wolf (setzt sich auf einen Stuhl, den ihm
Mirl hingestellt, und deutet auf einen daneben
stehenden). Setz' Dich daher — zu mir!
Math. (setzt sich neben ihn).
Wolf. Du warst eben im Begriffe wieder fortzugehen? — Das kann dein Ernst
nicht sein! — Du wirst bleiben, wirst die
Büchse, die Dir einmal nicht zugehört,
weglegen, und dafür wieder zum Pflug
und zur Sense greifen.
Math. (den Kopf schüttelnd). Nein, Hoch-
würden! — das geht nimmer! — zum
Bauernknecht bin ich schon verdorben!
Wolf. Warum denn? wenn Du nur
ernstlich willst —

Math. Hilft All's nichts mehr! — Ich war g'wiß einmal a Bauernknecht so gut wie Einer — aber seitdem mir der alte Leonhard zum ersten Mal a Büchsen in b'Hand geben und mir g'lernt hat, damit umz'geh'n — z'schießen und z'treffen — seitdem g'spür ich in mir, daß ich nit dazu auf der Welt bin, gebuckt hinter ein'm Pflug herz'geh'n oder den Dreschflegel z'schwingen! Der Wald ist mein Leben und d'Freiheit die Luft, in der ich allein athmen kann!

Wolf (vorwurfsvoll). Die Freiheit! Und vergißt Du, wohin Dich dein toller Uebermuth bereits gebracht hat?

Math. (mit drohend erhobener Faust). Nein! das vergeß' ich nicht! — Und Niemand soll's vergessen! Ich selber erzähl's der ganzen Welt, daß's mich in's Zuchthaus g'steckt haben, weil ich — ein'm Kind 's Leben g'rett' hab'! Ha ha ha!

Wolf. Deßwegen nicht!

Math. War's anders? — Ich war in der Schenk' beim Haferbauer — vor'm Haus ist a Stuck Kornfeld, und 's kleine Madel vom Wirth brockt dort Kornblumen; auf einmal bricht ein Hirsch aus'n nahen Wald aus — ganz wild — den Kopf zur Erde duckt und mit dem G'weih g'rad auf das Kind los, um's z'spießen — ich bersich's — lang' g'schwind nach mein' Stutzen — krach! da ist das Thier dagelegen! — Am andern Tag hab'n's die Jäger schon g'wußt — haben mich anzeigt, daß ich ein Stutzen trag' — ich hab' flüchten müssen - und z'letzt haben's mich doch bei Nacht und Nebel packt und wie ein'n Dieb und Räuber gebunden in's G'fängniß g'schleppt! — (Wieder wild drohend.) Das vergeß ich ihnen nie — niemals — und wann's g'glaubt haben, mir dadurch 's Wildern z'vertreiben — da haben sie sich geirrt! — Jetzt wird erst recht das überflüssige Wildpret weggeputzt — und wann den Bauern Niemand Recht verschafft — ich thu's! (Ist während der Erzählung aufgesprungen und geht in heftiger Aufregung auf und nieder.)

Brentan (welcher sich inzwischen wieder gesetzt hat, jammernd zu Wolf). Da hören's, Hochwürden! — da hören's —

Wolf (zu Mathias). Du willst Recht schaffen, indem Du Unrecht thust? Das Wild gehört dem Fürsten oder dem Gutsherrn — es is also fremdes Eigenthum!

Math. Wann's dem Fürsten oder Gutsherrn g'hört, so soll's der auch nit so überhandnehmen lassen, er soll's überflüssige, was dem Land Schaden macht, wegschießen lassen! Thut er's nit, so thu' ich das, was sei Pflicht g'wesen wär', und das kann kein Unrecht sein!

Wolf. Ich sag' Dir: es ist ein Verbrechen!

Math. Und wer macht's zum Verbrechen?

Wolf. Das Gesetz!

Math. (dicht vor Wolf hintretend). Und wer macht das G'setz? Die Herren, die 's Bauernvolk unterdrucken wollen! Das ist kein recht's G'setz! — so lang' 's Volk nicht auch d'reinreden und sagen darf, was ihm weh und was ihm noth thut, ist Alles schief und einseitig — und das darf man nicht dulden — dagegen muß man sich wehren.

Wolf (fortwährend ruhig). Sieh', ich gebe Dir zu, daß manches Gesetz einer Aenderung bedarf — aber das Gesetz ist wie ein Diamant; wie dieser nur wieder durch Diamanten geschliffen, so kann das Gesetz nur auf gesetzlichem Wege umgeändert werden! Laß das denen, welche dazu berufen sind! Es wird eine Zeit kommen, in welcher man bei der Abfassung der Gesetzbücher auch auf die Stimme der Vertreter des Volkes hören wird — mache Dich erst würdig, ein solcher zu werden.

Math. Das bin ich schon!

Wolf. Hat Dich das Volk dazu gewählt?

Math. Das nicht — aber der Jubel, mit dem mich die Leut' überall begrüßen, die Hilf', die's mir leisten, wenn ich in

Gefahr bin, das Alles zeigt mir, daß just ich der Rechte bin, und daß ich mich auf's Volk verlassen kann!

Wolf. Auf's Volk! — Man klagt, daß Fürstengunst wandelbar ist — aber noch wandelbarer ist des Volkes Gunst! So lang' Du aufrecht stehst, wollen sie Dich tragen — fällst Du aber, dann treten sie Dich mit Füßen! — Und bedenke doch, welche Zukunft steht Dir bevor? Im besten Falle ein unstätes Leben — eine fortwährende Flucht — ein Tod durch die Kugel eines Jägers — im schlimmen Falle durch das Beil des Henkers!

Math. (steht erschüttert).

Brentan (mit aufgehobenen Händen). Hiesel! — Um Gottes Barmherzigkeit willen! gib nach!

Wolf (steht auf und tritt zu Mathias). Mathis! hast Du denn allen Sinn für das Glück stiller Häuslichkeit eingebüßt? — Denke Dich, im Gegensatze zu deinem Vorhaben, an der Seite eines geliebten Wesens, an noch so ärmlichem Herde — umschwebt von dem Engel des Friedens!

Math. (sich abwendend, für sich). Monika!

Wolf. (tritt von Mathias zurück, den Uebrigen durch ein Zeichen Ruhe gebietend, für sich). Der Same meines Wortes ist doch auf keinen Stein gefallen! — Sein guter Engel ist's, der jetzt leise mit ihm spricht! (Faltet die Hände wie zum Gebete.) Segne Gott diese Stunde!

Vierte Scene.

Vorige. Vater Maier.

Maier's Stimme (noch von außen). Halloh! aufgemacht! — Licht gebracht! — Ich stolpere mich lahm!

Brentan (aufstehend). Das ist ja der Vetter Baber! — Was gibt's denn, daß der heut' noch bei uns vorspricht! (Zu Wolf.) Hochwürden, erlauben schon! (Nimmt die Lampe vom Tische und geht mit derselben zur Thür, die er öffnet.)

Maier (ein kleiner runder Mann mit Stutzperrücke und steifem Zopfe, eilt durch die Mittelthür herein). Verteufelt frisch heute Nacht! Gefährliches Wetter für Einen, bei dem das Systema lymphaticum nicht in Ordnung ist, wie bei mir! Hab' mich aber doch nicht abhalten lassen, meine Botschaft heute noch zu bringen!

Wolf. Was gibt's denn, Herr Chirurgus! welche Botschaft — —?

Maier. Ah, Hochwürden auch da? — Kann mir vorstellen, warum? (Auf Mathias weisend.) Der Seelenarzt ist da wohl am Platz — aber der Körperarzt, der Medicus corporalis, wird dießmal doch den Vorzug behalten! Ich hab' ein Wunder-Elerir bei mir! Probatum est! (Stellt sich mit in die Seite gestemmten Armen vor Mathias hin.) He da! Er — junger Mensch Er! Er Thunichtgut, Obenaus nnd Nirgendsan! Seinetwegen bin ich da! Ich will ihm das Wildern verleiden, daß Er sein Lebtag nicht mehr daran denken soll! Gaff' Er mich nur an — ba — (auf seine Rocktasche klopfend) ba hab' ich das Medicament!

Math. Was — was haben's?

Maier. Ja was? — Rath Er mal! (Zieht einen großen Brief mit geöffnetem Siegel hervor.) Was enthält dieser Schreibebrief, den ich soeben aus der Residenz, nota bene durch einen Expressen von Friedberg erhalten habe?

Math. Ein'n Brief aus München? — Und der mich betrifft?

Maier. Ein Brief meines hochwohlgebornen Vetters und berühmten Collegen, Doctoris Geier, Leib-Medici Seiner churfürstlichen Durchlaucht ist's!

Brentan. Ist's denn möglich? Sollt' sich denn der gnädige Herr Vetter an uns arme Leut' erinnert haben?

Maier. Hat sich erinnert! Mein Verwandter hat sich auf meine Verwendung verwendet — und für wen? — für den da! (Wieder auf Mathias weisend.)

Math. (verwundert). Für mich?

Maier. Ja! (Triumphirend den Brief entfaltend und in die Höhe hebend.) Hier ist's, schwarz auf weiß! Seine Durchlaucht haben von dem kecken Wildschützen, dem bairischen Hiesel und seiner Meisterschaft im Schießen gehört. — Du sollst nach München kommen, sollst Dich dem Churfürsten vorstellen, er will eine Probe mit Dir machen, und wenn Du sie bestehst, Dich unter die churfürstlichen Jäger aufnehmen, Dir eine Försterei geben! Nun, was sagt Er denn dazu, Er ungehobelter Wildschütz?

Math. (kaum seinen Sinnen trauend). Was? — ich? — eine Försterei!

Brentan. Mein Gott! ist denn das möglich?

Wolf (langt nach dem Briefe und durchfliegt denselben freudig). Ja, ja, es ist so! — Gott segne Seine Durchlaucht, der zwar das Vergehen straft, doch Gnade walten läßt für den Leichtsinn der Jugend!

Brentan. Ja! Hoch der Churfürst! Gott vergelt ihm's tausend und tausendmal! — Aber (zu Mathias) Hiesel, Du bist ja ganz stumm und starr! Hast's benn g'hört? Hast's benn verstanden?

Math. (zu Brentan eilend und ihn an die Brust drückend). Ja, Vater! ja! g'hört und verstanden, aber 's ist mir noch Alles wie ein Traum! Ich, also nicht mehr ausg'stoßen, nicht mehr verfolgt und doch mein liebes Waidwerk treiben dürfen als rechtschaffener Jäger, in mein Forsthaus und, o Gott! o Gott! Ihr wißt noch nicht, was für Gedanken sich noch daran knüpfen! O mei gute Mutter! Wenn die das noch erlebt hätt'! Aber hören soll sie's, hören! — Ist's mir doch, als wann sie bei unserm Herrgott für mich 'beten hätt', daß er Alles noch so zum Guten lenkt! — — Laßt mich! — (Zu Maier.) Vader! (Drückt ihn ungestüm an die Brust.)

Maier. He, he! zerquetsch Er mir nur nicht die Brust.

Math. Das vor der Hand mei Dank für Euch — und jetzt — mir ist, als dürft' ich jetzt nirgends anders hin, als zu Ihr — zu meiner Mutter! (Eilt durch die Mitte ab.)

Brentan (will ihm nach). Bleib' doch!

Wolf (hält Brentan zurück). Laßt ihn — der Besuch wird seine besseren Vorsätze kräftigen! Begebt nun Euch auch zur Ruhe — morgen bin ich wieder bei Euch!

Maier. Ja — für jetzt will ich auch wieder mein Lotterbettlein aufsuchen! — Wir gehen wohl mit einander, Hochwürden! Nichts für ungut, daß ich Ihnen den Rang abgelaufen! Hahaha! — Nicht wahr? — das war ein Medicamentum radicale! (Hängt sich in Wolf's Arm und geht mit ihm ab, zu Brentan und Mirl.) Gute Nacht, gute Nacht!

Brentan. Gute Nacht und gelt's Gott! — warten's — ich leucht' Ihnen! (Nimmt die Lampe und leuchtet ihnen voraus.) Alle (ab).

Fünfte Scene.

Verwandlung.

Friedhof bei der Pfarrkirche in Kissing — links ist ein Theil der Kirche sichtbar — quer über die Mitte der Bühne zieht sich eine halbverfallene Mauer, in deren Mitte ein breites Gitterthor, durch welches man auf den dahinströmenden Fluß sieht; jenseits des Flusses eine Au. An der Friedhofmauer mehrere Steinmonumente mit Gebüschen umgeben — mehr nach dem Vordergrunde rechts ein frisch aufgeworfenes Grab mit einem Holzkreuze darauf, der eben aufgehende Vollmond spiegelt sich im Flusse und gießt ein geisterhaftes Licht über die ganze Landschaft.

Mathias (allein).

Math. (kommt hastigen Schrittes von außen gegen das Gitterthor, an demselben stehen bleibend). Verschlossen? (Rüttelt am Schlosse.) Ah — der Riegel gibt nach! (Drückt stärker an, das Thor öffnet sich knarrend, er tritt vollends ein.) Da bin ich — doch wo find' ich —? (Sieht ringsum, sein Blick fällt auf das frische Grab.) Das — das muß s' sein! —

noch deckt kein Gras die Stell', wo mei
gute Mutter — (vom Gefühle überwältigt am
Grabe in die Knie sinkend) Mutter! Mutter!
(Faltet die Hände zum Gebete nach einer Pause.)
Wenn a Menschenstimm' noch hinüber=
bringt über die Gränz' zwischen Leben und
Tod — o, so hör' Du mich, Selige! hör'
die einzige Bitt': »Vergib mir!« — Ja,
ja, Du hast vergeben, sonst käm' nicht,
während ich da knice, so ein Frieden über
mich, wie ich ihn lang — ach! lang' nicht
g'fühlt hab'! O, ich will ja Frieden schlie=
ßen mit der Welt und den Menschen —
wenn sie nur den Frieden nicht brechen.
— O Mutter! gib' Du dem Bnud', den
ich wieder mit der Menschheit schließ', dein
Segen! Ja — segn' mich — und o! mir
ist's, als sollt' da neben mir noch Jemand
knie'n, ein Wesen, das seine Bitten mit
den meinigen vereinigt: — Seg'n —
seg'n uns!

Sechste Scene.
Mathias. Monika.

Monika (in ihrem Hochzeitkleide, doch über
Kopf und Schulter ein graues Tuch geworfen ist
schon zum Schlusse von Mathias' Monologe am
Gitterthore sichtbar geworden, hat scheu rings um
sich geblickt, schlüpft nun herein, eilt fast unhör=
baren Schrittes zu Mathias und legt ihre
Hand auf seine Schulter, ängstlich flüsternd).
Mathias!

Math. (heftig erschreckt, sinkt beinahe auf
das Grab, sich nur noch mit einer Hand am
Hügel haltend). Um Gottes willen! wer ist —

Monika (läßt das Tuch zurücksinken).
Ich — ich bin's!

Math. (auf's Höchste überrascht). Du —
Monika! — Du (aufstehend) dahier — an
dem Ort? — Wen suchst Du dahier?!

Monika (immer angstvoll und mit fliegen=
der Stimme). Dich — niemand Andern,
als Dich — ich hab' zu dem Vaterhaus
wollen — da hab' ich Dich von der Fern'

herauskommen, und den Weg daher ein=
schlagen sehen — ich bin Dir nach —
Math. Du — mir nach?! — jetzt bei
Nacht? — wie soll ich das deuten?
(Während des Folgenden umziehen immer dichtere
Wolken das Firmament und verhüllen den Mond,
der nur manchmal noch durch ihre Risse blickt.)
Monika. Hör' mich — um Gottes
willen! Hör' mich — eb's zu spät ist —
Math. Zu spät, — zu was zu spät?
Monika. So hör' doch! — Mein
Vater hat mir noch in's Wirthshaus am
Erbhof die Post g'schickt, daß ich heut'
nicht zur Mahm nach Friedberg, sondern
gleich zu ihm kommen soll, was er mir
will, weiß ich noch nicht — denn wie ich
zu ihm in b'Stuben wollen hab', hat mir
a reitender Bot', der g'rad' von Friedber=
ger Pflegrichter kommen ist, den Weg ver=
rannt und ist zu mein' Vater hinein —
sie haben b'rin so laut g'redt, daß ich jed's
Wort vernommen hab'. — Die Botschaft
betrifft Dich!
Math. Mich — und — vom Pfleg=
richter sagst Du?
Monika. So ist's! — Die Jäger,
mit denen Du am Erbhof z'samm'g'rathen
bist, sein in der vollen Furie nach Fried=
berg auf's Pflegg'richt — der Pfleger soll
wüthend vor Zorn g'wesen sein, und hat
Soldaten zu Hilf' g'rufen — es sein kai=
serliche Werber — sie sollen Dich mit
G'walt fortführen und unter's Militär
stecken! — Jeden Augenblick sollen's ein=
treffen!
Math. (ungestüm ihre Hand fassend).
Und das — das hast Du g'hört?!
Monika. Ja — der Bot' hat's mein'
Vater, der hier Ortsvorstand is, melden
müssen — 's soll Alles gar heimlich
g'schehen — bei Nacht — wenn Alles im
Dorf schlaft, wollen's Dich fortschleppen.
Math. (in Zorn losbrechend). Elende —
niederträchtige Leut'! — Das sein also
die Versprechung, die's mir g'macht ha=
ben? Nichts als Fallen und Schlingen,
um mich dahier aufz'halten — mich sicher

2*

z'machen, damit's mich nur g'wiß finden! — Der Vader, der schlechte Kerl, steckt mit unter der Decken — den Brief hat er wohl selber g'schrieben! O — nichts als Lug' und Betrug! Aber dasmal sollen's mich 's letzte Mal g'narrt haben.

Monika (drängend). Verlier' jetzt ka Zeit — ich hab' das Zeug, mit dem ich vom Erdhof herüberg'fahren bin, an der Friedhofmauer halten lassen — ich führ' Dich — denn z'Fuß kommst ihnen nicht mehr aus — aber sag' mir nur, wohin willst? — Auf welchen Weg?

Math. (nach kurzem Besinnen). Am besten ist's — ich geh' auf a Weil aus Baiern fort — über'n Lech hinüber in's Schwäbische —

Monika (ihn an der Hand fassend). So komm' — komm! — Wenn wir scharf fahren, sein wir in einer halben Stund' an der Brucken! — Wenn's Dich erwischen thäten — Hiesel! Es wär mei Tod!

Math. (sie mit einem Arme umschlingend). Nein, nein! Du einzige treue Seel'! Ich will leben — für Dich leben — und (drohend die Faust gegen Himmel hebend) für meine Rach'!

(Ein dumpfes Donnergeroll ertönt von ferne.)

Monika (zusammenschauernd). Hiesel! Red' nit so! — Denk', wo Du bist.

Math. Ja — da — am Grab von meiner Mutter! Ihr — ihr wollen's zur Last legen, daß ich so wor'n bin, weil sie zu gut gegen mich war? Nein, nein! Hör's, Mutter! So wie's Gott hört, nicht bei'r Güte — die Bosheit der Andern treibt mich zum Aeußersten! — Reuig hab' ich ja in die menschliche G'sellschaft zurückkehren wollen — und sie empfangen mich — mit Ketten und Stricken! Ungerechtigkeit, wohin ich schau', und ich, weil ich mich dagegen aufleh'n — ich soll der Verbrecher sein? Mich soll das G'setz strafen dürfen, weil's mit der G'walt Hand in Hand geht? — D'Obrigkeit sagt, sie hat die G'walt von Gott! — Gut, ich hab'

mei' Kraft auch von Gott, und so — so kündig' ich jetzt der Menschheit in ihren schlechten G'setzen den Krieg — den Kampf auf Tod und Leben — und Gott soll der Richter sein zwischen uns!

(Ein Blitz durchzuckt die Wolken, ein heftiger Donnerschlag folgt.)

Monika (fast einer Ohnmacht nahe). Hiesel! Mich schauert's durch Mark und Bein! — Du bringst mich um mit deiner frevelhaften Red' — laß mich nicht bereuen, daß ich kommen bin, um Dich z'retten — (das Rollen des Donners wiederholt sich im Echo) hörst — hörst's! — Der Himmel selber mahnt Dich!

Math. Der Himmel? o, der meint's gut mir mir — flehst — er deckt den Mond, um mir die Flucht leichter z'machen! Komm', komm'! (Zieht sie mit sich bis außerhalb des Gitters.)

(Ein neuer Blitzstrahl beleuchtet die Gegend fast mit Tageshelle.)

Monika (wendet sich gegen rechts, erschreckt zurückprallend). Um aller Heiligen willen! Siehst — Siehst!

Math. (ebenfalls zurücktretend). Ja — Reiter halten am Fluß — ich hab' ihre Helm blitzen sehen —

Monika. Da kommen wir nicht zur Brucken — vielleicht — (nach links weisend) dort — stromabwärts —

Math. (horcht gegen links). Auch da nit! — Ich hör' Pferdegetrab!

Monika (die Hände ringend). Sie umstellen 's ganze Ort! — Du bist verloren.

Math. (rasch entschlossen). Nein, nein! — Die Freud' sollen's nicht haben! — Kann ich nicht über sie hinwegfliegen, wie a Vogel — so nimm' ich's in Schwimmen doch mit jedem Fisch auf.

Monika (entsetzt). Du willst —?!

Math. Laß' mich, 's lange Ueberlegen ist nie mei Sach' gewesen! Leb' wohl! (Küßt sie ungestüm.) Bring' das Buffel noch mein' Vater und das (küßt sie wieder) b'halt für Dich! — Und jetzt fort! Ihr

sollt' noch von mir hören! (Reißt sich von ihr los und eilt durch das Gitterthor dem Strome zu.)
Monika (in der Verzweiflung der Todesangst ihm nachrufend). Hiesel! — Um Gottes willen — (Will ihm nach, ihre Füße versagen ihr den Dienst.) Himmel! — ich — ich kann nicht weiter! — die Angst — in allen Gliedern spür' ich's —
Math. (ist indeß am Flusse angelangt und ist mit einem Sprunge in den Wellen).
Monika (beide Hände vor die Augen drückend und zurücktaumelnd, kreischt laut auf).
(Ein Blitzstrahl läßt den Himmel im Feuer erglühen — man sieht Mathias' Kopf über den Wellen.)
Rauhe Stimmen (von außen). Halloh! seht — dort! — Feuer!
(Einige Schüsse fallen gleichzeitig in der Richtung gegen Mathias' Kopf, welcher unter den Wellen verschwindet.)
Monika (stürzt mit lautem Aufschrei ohnmächtig an einem Grabhügel nieder).

Der Vorhang fällt.

Zweite Abtheilung.

Drittes Bild:

Im Augsburgerwalde.

Ringsumher hohe Bäume, deren starke Aeste sich oben zu einem Laubdache vereinigen; in der Mitte der Bühne ragt ein moosbedeckter Felsblock empor.

Erste Scene.

Der Tiroler. Sternputzer. Der Blaue. Der Lissaboner. Mehrere andere Wildschützen (sämmtlich in abgerissenen Kleidern, mit wüsten Haaren und Bärten, jeder mit Waidtasche und Flinte versehen).

Der Tiroler (ist eben beschäftigt neben dem Felsblocke ein Feuer anzuschüren).
Sternp. (im Studentenanzuge, aber das Waidmesser an der Seite, sitzt im Vordergrunde links an einem Baumstrunke, aus einer Porzellanpfeife mit langem Rohre rauchend).
Der Blaue und der Lissab. (spicken einen vor ihnen auf einem Steine liegenden Hirsch rücken).
Die anderen Wildschützen (stehen und liegen in verschiedenen Gruppen umher).
Der Blaue. A Hirschrucken, wie ihn a Prälat nit besser auf seiner Tafel haben kann!
Tir. Nur daß er bei'm theurer z'stehen kommt als uns!
Blauer. Ha ha! uns kost' er freilich nit mehr als a Stückl Blei und a paar Körndl Pulver!
Sternp. Und mitunter ein paar Monate in Eisen! — Ich denk', wir haben schon auch so theuer eing'kauft!
Blauer. Pah! was liegt an a paar Monat — wenn's vorbei sein, treibt man's wieder wie vor und eh'!
Sternp. (aufstehend). Was d'ran liegt? Oft das ganze Leben! — Seht mich an — ich war ein tüchtiger Studiosus in Ingolstadt, wollte Pfarrer werden — da treibt's mich einmal in der Ferienzeit, als ich bei meinen Eltern daheim war, eine kleine Jagdpartie zu machen — hatte aber vergessen, den Förster um Erlaubniß zu bitten! — Kaum hatt' ich den ersten Schuß gethan, steht der Kerl schon hinter mir und faßt mich am Kragen — auf's Gericht — und dann .. na! Ihr wißt wohl, wohin? — Doch wenn's nur mit dem abgethan gewesen wäre! — aber dafür, daß ich eine Strafe bestanden, wurd' ich nochmals bestraft — von der Universität relegirt — was blieb mir übrig, als das Handwerk (die Büchse nehmend) zu ergreifen — und so — so ist aus dem Pfarrer ein richtiger Wildschütz geworden!
Tir. Bist so besser auf dein' Platz! Sakra! a Bursch' wie Du, der auf hundert Schritt a Kerzenlichtg'rab obern Docht ausschießt — der mit'n Sabel hantiren

kann wie a Dragoner — und nachher in der Kutten! —

Sternp. Nun — ich seh', 's hat nicht sein wollen! Fata regnunt! 's handelt sich nun nur darum, daß man auf dem neuen Wege sicher geht!

Lissab. Ja, sicher wollen wir sein und das ist nur auf die Art möglich, wie's der alte Bobinger vorg'schlagen hat!

Blauer. Ja, damals wie wir noch miteinander in München 's churfürstliche Brod g'essen hab'n!

Lissab. (lachend). Ja — das war unser' Universität! Ha ha ha! g'scheidt haben's die Herren g'macht! — Und Wildschützen haben's alle z'samm in Ein' Stuben eing'sperrt — da haben wir wenigstens miteinander Alles auskochen können!

Blauer. Und da hat der Bobinger g'redt wie a Buch! — »Warum fallt alle Augenblick' einer von uns den Jagern in b'Händ'?« hat er g'sagt, »weil wir höchstens zwei oder drei miteinander unser Handwerk treiben,« sagt' er, »derweil b'Jäger alle miteinander gegen uns sein« — hat er g'sagt! — »D'rum,« sagt er, »müssen wir uns auch alle z'sammthun! — Und, wie ich wieder frei bin,« hat er g'sagt, »geh' ich durch'd ganze Land'l und b'stell' alle, die nur heimlich ein' Stutzen haben, auf ein' Tag und auf ein' Ort z'samm!« Na, der Tag ist heut' — auf Mariä Geburt, und der Ort ist da (auf den Felsblock weisend) beim Heidenbühl im Augsburgerwald!

Sternp. Aber er selbst, der uns b'stellt hat, ist noch nicht hier!

Blauer. (sich umsehend). Der Röthling fehlt auch noch!

Tir. Und der bairische Hiesel sollt' ja auch b'stellt werden!

Lissab. Ja, wann ihn nit die kaiserlichen Werber vor a paar Wochen in den Lech g'sprengt und dann b'erschossen hätten!

Tir. Soll das denn richtig wahr sein?

Sternp. Ja — hab's selbst gelesen im »Augsburger Postreiter«!

Blauer (sieht in die Scene nach dem Hintergrunde links). Halt! was leucht' denn dort durch die Gebüsch'?

Lissab. (ebenfalls hinsehend). Ha! das ist der Feuerschädel vom Röthling!

Tir. Richtig! da kommt er! — Aber mit ihm noch Einer! den kenn' ich aber nit!

Lissab. Seh' ich recht? — hol' mich der Teufel! — Das ist ja — —

Alle Wildschützen (sind aufgesprungen und sehen in die angedeutete Richtung). Wer! — wer?

Lissab. (hocherfreut in die Hände klatschend). Der bairische Hiesel!

Alle (erstaunt). Der bairische Hiesel?!

Alle Wildschützen. Hurrah! Vivat!

Zweite Scene.

Vorige. Mathias. Röthling (in einem blauen Fuhrmannskittel).

Math. (bleichen Antlitzes, ein Tuch um die Stirn gebunden, kommt, sich auf seine Flinte stützend, mit Röthling vom Hintergrunde links).

Röthl. (seine Hand auf Mathias' Schulter legend). Na — was hab' ich g'sagt? — Ich bring' ihn!

Alle (umringen Mathias, drücken ihm die Hände, einige reichen ihm ihre Feldflaschen u. s. w.).

Sternp. (Mathias ebenfalls die Hand drückend). Ave, redivive! Trotz »Augsburger Postreiter.« Ha ha ha! Die Zeitungen machen Keinen todt!

Math. Na, na! bald hätten's Recht g'habt! Mein' Denkzettel (auf die Schläfe weisend) hab' ich kriegt — mitten im Fluß — bin auch schon auf'n Grund g'sunken — aber hab' mich doch noch in b'Höh g'schnellt — hinüber an's anb're Ufer — da bin ich aber z'sammg'stürzt —

Röthl. Und hätt'st Dich schier verblut' (zu den Uebrigen) wenn nicht die schwarze Gundel aus der Waldschenk — Ihr kennt's ja die Prachtdirn'!

Math. Ja, der dank' ich mein Leben!

Die hat mich' g'funden — in ihr' Schenk' tragen laſſen — mich verbunden — Tag und Nacht nicht von mein' Bett' gangen, bis ich wieder ſo weit herg'ſtellt war! Gott vergelt' ihr's!

Sternp. (ihm wieder die Hand drückend). Nun, weil Du nur bei uns biſt und bei uns bleiben willſt!

Math. (ernſter). Ich bin da, weil ich verſprochen hab', z'kommen und damit Niemand ſagen kann: Der Hieſel hätt' einmal ſei' Wort' brochen! Aber bleiben? —

(Schüttelt das Haupt und macht mit der Hand eine abwehrende Bewegung.)

Alle (unangenehm überraſcht). Was? — nit bleiben?!

Röthl. (mit den Uebrigen etwas von Mathias zurücktretend, leiſe). Laßt's ihn nur! 's ſein ihm ſo allerhand Mucken in Kopf g'fahren — wißt's — die lange Krankheit — (Spricht leiſe mit ihnen fort.)

Math. (iſt indeß zu einem Baumſtrunke im Vordergrunde rechts gegangen, ſetzt ſich auf denſelben und ſtützt das Haupt mit der Hand, für ſich). Ich bin nicht der Alte mehr! — Die Bilder, die in ſchlafloſen Nächten vor mei' Seel' getreten ſein, waren zu ſchön! — (Gleichſam als ob er ſolch' ein Bild vor ſich ſähe.) A Jägerhaus — 's Hirſchg'weib ober der Thür', rundum Alles grün — der Wald — die Wieſen! Da kommt der Förſter heim — ich bin's! aufs Haus geb' ich zu — die Thür' ſteht offen und auf der Schwellen — (mit der Hand grüßend): »Grüß' Gott! Monika!« — (Aufſtehend.) Ja, wenn's ſo kommen wär', wenn's ſo kommen könnt'! — Und wann's doch noch möglich wär'? Waun's mit dem Brief vom Leibmedicus doch ſei' Richtigkeit g'habt hätt', und nur der Pflegrichter noch nichts davon g'wußt hätt'? — Ich probier's — ich geh' nach München — zum Churfürſten!

Dritte Scene.

Vorige. Gamsler.

(Gamsler (ein rüſtiger Burſche im Bauernkleide, kommt athemlos vom Hintergrunde rechts herbeigelaufen). Ah — da bin ich! meine Füß' tragen mich nicht mehr! — (Sinkt auf den Boden.) Luft! — Luft!

Liſſab. Was iſt's denn? (Rüttelt ihn.) Gamsler! was haſt denn? Sein' Jäger in der Näh'? —

Tir. Du hätt'ſt ja mit dem Bobinger kommen ſollen — wo iſt der?

Gamsler (ſich halb wieder aufrichtend und mühſam nach Athem ringend). Auf den Bobinger — braucht's nit z'warten! — der — der kommt nimmermehr!

Alle (erſchreckt). Nimmermehr? — Was iſt's mit ihm?

Gamsler. Auf dem Weg daher ſein uns heut' Strickreiter unterkommen — wir haben uns in b'Felder buckt und ſein an den Wald hing'ſchlichen — aber ſie müſſen uns doch g'ſehen haben. Im Wald ſein Jäger g'ſteckt — der erſte Schuß iſt dem Bobinger in den Rucken g'angen und mitten in's Herz! — es hat ihn nur ſo hing'worfen! — Kein' Schnaufer hat er mehr g'macht! ich aber hab' den Weg g'hörig unter b'Füß' g'nommen und bin daher, damit's es wißt's, und nicht umſonſt wart'ts!

Die Wildſchützen (ſtehen mächtig ergriffen da und blicken ſtarr vor ſich hin).

Sternp. (nach einer Pauſe). Ei was! Was dem Bobinger geſchehen iſt, kann Jedem von uns alle Stund' paſſiren! 's geht für's Sterben bin! — Aber den Jägern wollen wir's heimzahlen!

Blauer. Aber was machen wir länger da? — Der Bobinger, der uns zuſammenberufen hat, iſt todt — 's wird wohl 's Beſte ſein, wir geh'n wieder auseinander.

Sternp. Und laſſen uns wieder vereinzelt einfangen oder niederbrennen? —

Schafskopf! — Beisammen sind wir und beisammen müssen wir bleiben! — Aber stell't Posten aus, damit wir nicht in unsrer Berathung überrumpelt werden!

Tiroler (bespricht sich mit einigen der Wildschützen, welche sich sodann nach verschiedenen Richtungen entfernen).

Blauer (zum Sternputzer). Aber der Bobinger hat unser Hauptmann werden wollen!

Sternp. Ist's er nicht, so wird's ein Anderer sein! Deßhalb wollen wir zur Wahl schreiten!

Lissab. Was brauchen wir denn jetzt noch lang z'wählen, jetzt — wo der Hiesel da ist?

Alle (stürmisch durcheinanderrufend). Ja — ja — der Hiesel muß unser Hauptmann sein! (Treten zu Mathias vor.)

Math. (aus seinen Gedanken aufwachend, trotzig). Wer muß? Muß! Das Wort steht nicht in mein' Lexicon! Ich bin herkommen, weil ich's versprochen hab' — aber mein' freien Willen hab' ich Euch noch nicht verkauft! Und ich will nicht euer Hauptmann sein, will überhaupt nichts mehr mit Euch gemein haben! — Ich will's probiren, ein rechtschaffener Mensch z'werden!

Röthl. (höhnisch lachend). A rechtschaffener Mensch! Ha, ha, ha! Probir's nur! Ich hab's ja auch probirt (auf seinen Fuhrmannskittel weisend) schau mich an — ich bin Fuhrmann bei ein' Ulmer Kaufmann worden — hab' gut gethan — auf einmal, ich weiß nicht woher? erfahrt mein Herr, daß ich schon eing'sperrt war, — aus war's mit dem Dienst — davong'jagt hat er mich Knall und Fall — und ich hab' geh'n können, wie ich 'gangen und g'standen bin!

Sternp. Ja, wer einmal die gravis nota maculae auf dem Nacken hat, der bleibt unter den sogenannten honetten Leuten ein räudiges Schaf — sie dulden ihn nicht, und wenn zehnmal aus dem Saulus ein Paulus geworden wäre!

Blauer (zu Mathias). Ober b'sinnst Dich vielleicht jetzt anders, weil D' g'hört hast, was dem Bobinger g'scheh'n ist — hast b'Courage verloren?

Math. (aufflammend). Schuft! — Willst Du dem Hiesel b'Courage lehren? (Erhebt seine Flinte.)

Blauer (sich frech vor ihn hinstellend). Na — schieß zu! — halt'st es vielleicht schon mit den Jägern — Du — (spöttisch) Du „rechtschaffener Mensch!"

Math. (noch wüthender). Kerl! Das war dein letztes Wort! (Erhebt den Flintenkolben zum Schlage.)

Tir. (mit einigen Andern zwischen die Streitenden springend). Halt! Frieden unter einander! (Zu Mathias.) Verstehst benn nit, daß der (auf den Blauen weisend) Dich nur so utzt, g'rab' weil er Dich zum Hauptmann will?

Sternp. Ja, wie wir Alle! (Zu Mathias.) Hiesel! Besinn' Dich und erinnere Dich, daß das ganze Volk auf Dich seine Hoffnung setzt, daß man Dich allein für den Mann hält, der dem allgemeinen Drangsal steuern kann! — Wir Alle sind nichts ohne Dich — mit Dir nehmen wir's mit allen Truppen, Schergen und Jägern auf!

Math. (sichtbar geschmeichelt erhebt sein Haupt — überblickt sämmtliche Anwesende — mehr für sich). Hm! Tüchtige Burschen sein wohl unter ihnen — richten ließe sich was mit ihnen — aber — (Bleibt wieder unschlüssig stehen.)

Vierte Scene.

Vorige. — Ein Wildschütze. — Andres.

Die Stimme eines wachstehenden Wildschützen (außerhalb der Scene links).

Halt! Still g'standen!

Alle. Was ist los?

Sternp. (eilt nach der Stelle, woher der Ruf erscholl, kommt aber sogleich mit Andres zurück, zu Mathias). Hiesel! Der Bub' will zu Dir!

Andres (in ganz zerlumpten Kleidern, eilt, kaum Mathias erblickend, auf ihn zu, und faßt dessen Hand mit seinen beiden Händen). Hiesel! Da bist — wirklich! Jetzt ist Alles gut! — Jetzt geh' ich nimmer von Dir!

Math. (ihn befremdend ansehend) Wer bist denn?

Andres. Kennst mich denn nimmer? — Weißt benn nicht — am Erbhof, wo mich die Jäger bandelt haben!

Math. (ihn nun erst erkennend). Ah! Der bist? — Aber was willst denn bei mir?

Andres (sich an ihn schmiegend). Nichts als bei Dir bleiben! — (Weinend.) Mein Vater haben's g'fangt und eingesperrt, sei Gütel wird verleititrt, b' Mutter haben's in's G'meinb'haus than — ich hab' Niemanden mehr auf der Welt b'rum hab' ich Dich aufg'sucht, und will a Wildschütz werden wie Du!

Alle. Bravo! Bravo!

Lissab. Der Bub' bringt's rechte Zeug mit!

Sternp. Komm her da, Fuchs! und trink' aus meiner Flasche! (Hält ihm seine Feldflasche hin.)

Andere (reichen Andres ihre Hände). — Schlag ein, kleiner Camerad! — Sollst schon bei uns bleiben!

Andres (wieder zu Mathias). Aber noch Eins, Hiesel! Wie ich da gegen den Wald kommen bin, bin ich einer Menge Bauern begegnet — schier einer ganzen Procession — die alle g'fragt haben, ob ich nicht wüßt', ob Du da z'treffen wärst, sie wollten Dich um Hilfe bitten —

Sternp. (zu Mathias). Da kannst Du sehen, was Du überall giltst! Willst Du noch von uns lassen? Was?

Math. (zu den Wildschützen). Laßt's mich ein' Augenblick mit dem Buben (auf Andres weisend) allein! Ich will erst was von ihm erfahren, dann — dann geb' ich Euch Antwort!

Sternp. Bene! Aber mach's nur kurz! (Er und alle anderen Wildschützen ziehen sich nach dem Hintergrunde zurück.)

Math. (setzt sich wieder auf den Baumstrunk im Vordergrunde rechts, und zieht Andres zu sich — zu diesem). Du kommst von Erdweg — bist nicht auch über Kissing kommen? — Und wann?

Andres. Freilich! Am letzten Samstag Nachts und Sonntags Früh.

Math. Und hast Du nichts Weiteres gehört von der Monika?

Andres. Wohl, wohl! — Ihr Vater, der a gar strenger Mann ist, hat erfahren, daß sie Dir hat zur Flucht verhelfen wollen — sie hat ihm auch g'standen, daß's Dich so gern hätt' —

Math. Und er — er?

Andres. Er ist b'rüber fast wüthig worden, hat's in ihr Kammerl eing'sperrt, und g'schworen, daß er's nit früher wieder rauslaßt, als bis's den nimmt, den er ihr zum Bräutigam b'stimmt hat! — Na — sie hat sich z'letzt b'rein geben, und auf b'Wochen macht's Hochzeit!

Math. (auffspringend). Das ist nicht wahr! — Das kann nicht wahr sein!

Andres. Ja, ja — glaub' mir — der Anderl lugt nie! Ich war ja am Sonntag in der Kirchen und hab's g'hört, wie's der Pfarrer von der Kanzel herunter verkünd't hat! — Sie glaubt halt a, Du bist todt!

Math. Ha, ha, ha! Und hat sich so g'schwind tröst!

Andres. Aber ich — ich hab's nit glaubt — ich hab's ja z'oft g'hört, daß Du kugelfest bist. — D'rum hab' ich auch g'fragt und g'fragt, bis ich z'letzt doch erfahren hab', daß D' heut' daher kommst!

Math. (seine Hand auf Andres Haupt legend). Er hat's nit glaubt! Aber sie —! Heut' erfahrt's, daß ich todt bin, und — in a paar Wochen Hochzeit! — Aus! — Auch mit dem aus! (Wendet sich wieder zu den Wildschützen.) Kommt's her da — Ihr Alle!

Die Wildschützen (kommen rasch alle in den Vordergrund). Na — was hast b'schlossen?

Math. Hört's mich an! Wollt's Alles

treulich thun, was ich verlang'? Wollt's wirklich nichts weiters sein, als Wildschützen? Mit nichts Anderm z'thun haben, als mit dem Wild und dem Jägervolk? Nie ein' Raub, nie ein' Diebstahl begehen? — Niemanden was z' Leid thun? — Mir in Allem, was ich sag', g'horchen ohne Widerred'?

Alle. Ja, ja, das wollen wir!

Math. So schwört's mir das zu! Da (seinen Hirschfänger ziehend) der Griff von dem Waidmesser stellt's Kreuz vor! Schwört's mir d'rauf, so will ich euer Hauptmann sein!

Alle (drängen sich hinzu und legen ihre Hände auf den Hirschfänger). Wir schwören!

Mathias. Gott hat 's g'hört, und (erhebt seine Hand zum Schwur) so schwör' auch ich Euch, daß ich treu bei Euch aushalten, für Euch sorgen und bis auf'n letzten Mann immer, immer an eurer Seiten bleiben will! Ich kenn' kein' and're Welt mehr als die Wälder, hab' keine and'ern Freund' mehr als Euch!

Sternp. (fällt an Mathias' Brust). Das war eine Rede! An mir sollst Du nicht bloß einen Freund, nein, einen Bruder haben! (Seinen Hut schwenkend, zu allen Uebrigen.) Brüllt mir nach! Hoch! dreimal hoch unser Hauptmann!

Alle (in wilder Freude, ziehen ihre Hirschfänger, schwenken die Hüte, fallen sich gegenseitig um den Hals und rufen): Hoch! hoch! hoch! Hurrah! der bairische Hiesel unser Hauptmann! D'Welt g'hört uns! Hurrah! Hurrah!

Fünfte Scene.

Vorige. Matzenhofer. Immlinger. Eine Anzahl Bauern.

Andres (erblickt die vom Hintergrunde Herkommenden, zu Mathias). Ha! das sein die Bauern!

Math. Sie sollen nur kommen! (Tritt vor die übrigen Wildschützen, zu den Bauern.) Grüß Gott, Landsleut'! Nur näher! — was führt Euch her?

Matzenh., Imml. und die andern Bauern (ziehen ehrfurchtsvoll die Hüte ab und kommen zögernd näher).

Matzenh. Gott sei vor Allem dafür Dank, daß Du noch am Leben bist, Hiesel! — Denn wie wir g'hört haben, Du bist todt, haben wir schon g'fürcht', es kommt gar kein' Abhilf mehr für uns!

Math. Und selber könnt's Euch gar nit helfen?

Matzenh. Wir trau'n uns nimmer — b' Jager werden ja alle Tag' übermüthiger — in Münsterhausen haben's ein' Bauer, den s' für ein' Wildschützen g'halten haben, just wie er mitten unter Weib und Kinder beim Essen g'sessen ist, durch's Fenster erschossen!

Die Wildschützen (entrüstet untereinander). Niederträchtig! Schändlich!

Imml. Aber das ist ja noch gar nichts gegen dem, was im Burgauischen g'schehen ist! Da haben's ein' armen Teufel erwischt, der a Gruben g'raben hat, damit sich's Wild d'rin fangen soll. Dem haben's Händ' und Füß' bunden, haben ihn in die Gruben g'worfen, haben d' Erd' über ihn g'stampft und ihn so lebendig begraben!

Die Wildschützen (wie oben). Die Mordbuben! — Sein das Jäger? Henkersknecht sein's!

Sternp. Auf, in's Burgauische!

Alle Wildschützen. Ja! ja — in's Burgauische! — Tod den Jägern!

Math. (sich zu den Wildschützen umwendend). Wart's, bis ich Euch commandir'! (Wieder zu den Bauern.) Ja — Abhilf' will ich Euch schaffen! das schwör' ich Euch! — Geht's nur ruhig heim! Sagt's Niemandem, daß'd bei mir wart's, aber eb' drei Tag' um sein, soll's es rund herum in eueren Wäldern krachen hören, und dann — dann wißt's, daß der bairische Hiesel da ist mit seinen Schützen!

Matzenh. und Imml. Dank! tausend Dank für das Versprechen!

Mehrere Bauern (fassen Mathias' Hände und küssen sie).

Math. Na, geht's nur, Laubslent', geht's mit Gott!

Die Bauern (innig). B'hüt Gott! und gelt's Gott! (Entfernen sich, noch immer zurückgrüßend.)

Math. (mit vorbrechendem Ingrimm.) Das, was ich jetzt wieder g'hört hab', das ist Wasser auf mei' Mühl'! — Das zeigt mir, daß ich für die Zeit und für die Verhältniß a Nothwendigkeit bin!

Sternp. So ist's! Wir haben, so zu sagen, eine Mission! — Aber zu jeder Mission muß man sich stärken und ich proponire daher, daß wir, bevor wir an die Entwerfung eines weiteren Planes gehen, einen tüchtigen Imbiß nehmen. Kommt, laßt uns Alles richten! (Sie lehnen ihre Flinten an den Felsen und entfernen sich nach dem Hintergrunde rechts.)

Andres (zu Mathias). Gelt, Hiesel, ich darf bei Dir bleiben?

Math. (Andres' Hand fassend). Ja — ja, bleib' nur! (Wehmüthig.) Hast ja auch wie ich Niemanden mehr auf der Welt, dem Du so recht ang'hörest! — Ich will Dir Vater und Bruder sein! (Setzt sich wieder und versinkt in schwermüthiges Nachdenken.)

Andres (ihn betrachtend für sich). Wann er nur nit so traurig wär' — ich hätt' ihm das von der Hochzeit in Kissing gar nicht erzählen sollen! (Gegen links aufhorchend.) Was raschelt denn dort durch's Gebüsch — (sieht hin, zu Mathias.) Mir scheint, ich seh' ein' Weiberrock — meiner Seel'! 's kommt daher!

Math. (ruhig aufstehend). Na — was wird's denn sein? (Sieht auch hin.)

Sechste Scene.

Vorige. Monika.

Monika (im Brantanzuge, Blumen in den Haaren, theilt zuerst vorsichtig die Zweige eines Gebüsches auseinander, thut einen Schrit heraus — erblickt Mathias und mit einem Aufschrei der Freude und des Schmerzes fliegt sie an seine Brust). Du bist's! Du lebst! Hiesel! Ich seh' Dich noch einmal! (Ihn angestüm umklammernd.)

Math. (seine innere Aufregung bekämpfend, scheinbar frostig). Und was will denn die Jungfer bei mir? Wenn man erfahrt, daß sie dem — Wildschützen nachg'loffen ist, könnt' sie Verdruß mit ihrem Hochzeiter haben!

Monika (gekränkt). Hiesel! Wie red'st mit mir? — Hochzeiter!

Math. (wie oben). Oder kommt sie vielleicht g'rad' von der Hochzeit? Ja — ja — sie hat ja 's Myrtheukranzel noch im Haar!

Monika. So hör' doch — um Gott's willen! hör' doch! Der Vater hat mich eing'sperrt halten wollen, bis ich nachgib' — und ich hätt' doch nit nachgeben — aber da hat mir gestern die Dirn, die mir immer 's Essen auf mein Kammerl bracht hat, erzählt, daß Ihr heut' Alle im Augsburger Wald z'sammenkommt's und daß sie's für g'wiß wußt, daß Du lebst und auch da sein wurd'st — da hat's mich nimmer g'litten — Gott verzeih' mir die Sünd' — ich hab' den Vater ang'logen und g'sagt, ich wollt' den B'stimmten heiraten — heut' noch! Da hat er Gäst' eing'laden — Alles zur Hochzeit g'richt, aber mitten unter dem Durcheinander hab' ich G'legenheit g'funden fortzulaufen, und — bin da — und (tief gekränkt) Du nimmst mich so auf!

Math. (in aufjubelnder Freude sie an seine Brust drückend). Also ist's doch wahr, Du bist mir treu? — Du hast mich noch gern?

Monika. Lieber als Alles — lieber als mein Leben! O, weil ich nur Dich wieder hab'! — Jetzt wird noch Alles gut! jetzt laß ich Dich nimmer los — Du mußt mit mir hinüber nach Kissing — der Herr Pfarrer selber laßt Dir sagen, daß b' vom Pflegrichter nichts mehr z'fürchten hättst — er hat ihm den Brief von dem Münchner Doctor zeigt — O Hiesel! komm' nur mit mir — verzieh' kein Augenblick — und

Alles, was wir uns g'wünscht haben, kann noch wahr werden!

Math. (finster). Mit Dir soll ich gehen? — Damit ist's vorbei! — Es ist zu spät! Ich hab's mein' Leuten g'schworen, daß ich niemals von ihnen geh' — niemals, so lang als noch Einer von ihnen lebt!

Monika. Das ist ein schlechter Schwur, Hiesel! — der kann nicht gelten —

Math. (ernst). Schwur bleibt Schwur und wenn ein Mensch auf der Welt sagen könnt', der Hiesel hat sei' Wort — sein' Eid brochen — ich glaub', ich jaget mir selber a Kugel durch's Hirn!

Monika (ihn auf's Neue umklammernd). Ich laß Dich nicht! Hiesel! mein Herz geht auseinander, wenn ich von Dir soll!

Math. Das sollst nit! — Ich kann zwar nicht mit Dir — aber, Monika! wenn Du nur halb so an mir hängst, wie ich an Dir, dann — dann gibt's noch ein' Ausweg —

Monika. Was für ein? — Red'! ich will ja Alles thun!

Math. (sie stürmisch an sein Herz ziehend). Bleib' Du bei mir! — Ka Jägerhaus kann ich Dir zwar nit verschaffen, aber Du sollst es gut haben bei mir wie a Königin! Bleib' bei mir — werd' mei Weib —

Monika (sich aus seinen Armen loswindend, entschieden). Nein, Hiesel! das thu' ich nicht! — Ich hab' Mitleid mit Dir g'habt, als ein' verfolgten unglücklichen Menschen — ich hab' Dich gern g'habt, denn 's war damals, am Erbweg, wie ich's erste Mal seit unserer Kindheit wieder mit Dir g'redt hab', als ob b' mir's angethan hätt'st — aber ich hab' g'hofft, Du wirst das alte Leben aufgeben, und ein neues anfangen wollen. Du willst's aber statt dessen noch wüster und wilber treiben — das Leben theil' ich nicht mit Dir!

Math. (wieder mit mehr Wildheit). Nicht? — nicht?

Monika. Hiesel! Wann Du mich jetzt so von Dir fortgeh'n laß'st — dann — dann sein wir g'schieden — für immer!

Math. (sich trotzig abwendend). Mir sein's!

Monika (stehend). B'sinn Dich noch einmal! (Mit hervorbrechenden Thränen.) Schick mich nicht so von Dir!

Math. Es steht ja bei Dir, ob b' bleiben willst —

Monika. So lang' Du Wildschütz bist, kann ich nicht bleiben, nicht Hand in Hand mit Dir gehen!

Math. (mit Hohn). Aha! Du hast also nur Frau Försterin werden wollen?

Monika. Versteh'* nit so! (Dringender.) Werd' was b' willst — werd' a Tagwerker — ich nimm Dich, und will mit Dir arbeiten, daß mir's Blut aus den Nägeln spritzt — nur das Wildschützleben gib auf — nur von dein' Cameraden sag' Dich los!

Math. Das thu' ich nicht — das kann ich nicht! Wenn das dei Bedingniß ist, so haben wir ausg'redt!

Monika (eindringlich). Hiesel! Du wirst an meine Wort' denken, wenn's z'spat ist! — Glaub' mir, 's nimmt kein gut's End' mit Dir!

Math. Wenn ich mir wahrsagen lassen will, wend' ich mich an a Zigeunerin! spar' Dir die Müh' — b'hüt Dich Gott! — geh! (Gegen rechts sehend.) Ah — da kommen meine Leut! (Ruft.) Nur her ba!

Monika (in verzweiflender Angst). Hiesel! (Will ihn nochmals mit ihren Armen umschlingen.)

Siebente Scene.

Vorige. — Sternputzer, Blauer, Tiroler, Lissaboner, Röthling — sämmtliche andere Wildschützen (kommen wieder zurück — einige tragen Körbe mit Speisen, andere rollen kleine Fäßchen herbei).

Math. (leise zu Monika, sie von sich abwehrend). Willst zum G'spött' vor den Leuten werden?

Sternp. (von Monika's Anblick überrascht). Ecce! eine hübsche Dirne im Lager?

Lissab. Hat kein' üblen Gusto der Hauptmann!

Blauer (zu Monika). Na — schlag' nur b' Augen nit so nieder! (Will auf sie zu.)

Math. (gebieterisch). Halt! Keiner komm' ihr in die Näh'! A wehrlose Dirn' soll nie von einem von uns beleidigt werden! (Zu Andres.) Führ' die Jungfer bis zum Ausgang vom Wald — dann komm' wieder! (Zu Monika — kalt.) B'hüt Dich Gott!

Monika (mit thränenvollen Augen zu ihm aufblickend — mit erstickter Stimme). B'hüt Dich — Gott! — wenn Gott nicht in dem Augenblick sich von Dir abg'wendt hat! — Gehe dein' Weg — wohin er führt! (Mit starren Augen, als ob sie etwas Entsetzliches vor sich sähe — beide Hände wie abwehrend vor sich ausstreckend und aufschreiend.) Ah! ich sehe — (Schlägt beide Hände vor's Gesicht.) Nein! nein! ich will nicht sagen, was ich seh'! fort! fort! — Laßt's mich allein gehen! Keiner von Euch streif' an —! fort! fort! (Eilt mit fast wahnsinniger Hast dem Hintergrunde zu — ab.)

Sternp. (ihr nachsehend). Was hat denn das Mädel? Wohl eine verschmähte Liebe von Dir, Hauptmann.

Math. (finster vor sich hinsehend). Nein — sie war meine Lieb' — sie ist's noch — so, wie sie werd ich keine mehr lieben, doch hab' ich sie verabschied't und mit ihr ein glückliches Loos!

Mehrere Wildschützen. Aber warum? warum?

Math. Weil ich Euch hätt' verlassen — Euch mein' Schwur brechen müssen! — Glaubt's jetzt, daß ich's ehrlich mit Euch mein'?

Sternp. (fällt ihm um den Hals). Hiesel! Du bist lauteres Gold! — Dafür gehören auch wir Alle Dir mit Leib und Seele!

Alle Ja — mit Leib und Seel'!

Tir. (hat indeß aus einem Fäßchen mehrere Holzbecher gefüllt und tritt mit einem derselben zu Mathias). Aber jetzt schlag' Dir bei ein' vollen Becher all' die verliebten G'schichten aus dem Hirn! Für Leut' von unserm Schlag paßt ein' ernsthafte Liebschaft nicht!

Math. (zum Tirol). Gib her! (Nimmt den Becher und leert ihn auf einen Zug.)

Sternp. (zum Tiroler). Recht hast Du, Tiroler! Wir habe keinen Zeit, Fische im Teiche zu halten, wir fangen die Forellen, wo wir sie eben auf unserer Wanderschaft im Waldbach finden! und das — ha ha ha! sind die schmackhaftesten. Nichts geht über das Lieben im Fluge — so auf der Wanderschaft! (Singt.)

Lied mit Chor.

And're Staaten,
And're Saaten;
And're Städtchen,
And're Mädchen;
And're Orte,
And're Worte,
And're Kleidung
Und Bescheidung,
And're Flüsse,
And're Küsse,
And're Fische,
Auf dem Tische
Sie zu fangen,
And're Plätze,
Wo sie prangen
Zum Bestellen
Der Gesellen!
Frische Fische,
Gute Fische!

Chor (sehr heiter).
Frische Fische!
Gute Fische!

Sternp. (singt weiter).
Kommt ein frischer
Herzensfischer
Von der Reise,
Sind die Preise
Für den Freier
Nicht zu theuer
Und der Fang
Hält nicht lang.

Froh gegessen
Und vergessen;
Keine Ringe,
Keine Kette!
Glas erklinge
Zum Gespötte
Für die Andern,
Die noch wandern,
Daß sie gleiche
Lust erreiche!
Frische Fische,
Gute Fische!
Chor: Frische Fische,
Gute Fische!

Alle (stoßen mit den Bechern an, viele der Wildschützen haben sich bereits mehr im Hintergrunde gelagert, und aus den Körben Schinken, Brode, Käse und dgl. ausgekramt).

Math. (ist während des Liedes mit dem Becher in der Hand von einem zum andern der Wildschützen gegangen, hat mit ihnen angestoßen, seinen Becher wieder füllen lassen, und ihn immer wieder auf's Neue geleert, sichtbar bemüht, sich zu betäuben). Ja — so wollen wir's halten! — Vergessen Alles, was hinter uns liegt und die Lust im Flug erhaschen! (Trinkt wieder.) O vergessen — nur vergessen können!

Achte Scene.

Vorige. Gundel.

Gundel (im geschmückten Bauernanzuge — Silberkettchen über dem Mieder und bunte Bänder im Haare, ist indeß vom Hintergrunde links aufgetreten, nun zu Mathias vorwärts kommend, und ihm ihre Hand auf die Schulter legend). Na, mir scheint, 's Vergessen fallt Dir nicht schwer!

Math. (sich umwendend). Wer ist's? — Ha — Gundel — Du?

Mehrere Wildschützen. Die Gundel! die Gundel aus der Waldschenk'!

Math. (ihre Hand fassend). Ja, das brave Dirndl, der ich's vielleicht z'verdanken hab', daß ich noch leb'!

Gundel. Und doch bist heut' in aller Fruh fort, ohne nur von mir ein'n freundlichen Abschied z'nehmen.

Math. Ich hab' ja wollen — —

Röthl. (zu Gundel). Hab' ich nicht an die Thür von dein'm Stübl klopft, und g'sagt, Du möch'st mir aufmachen! Du hast's aber nit than!

Gundel (ihn mit einem verächtlichen Blicke ansehend). Vor g'wissen Leuten ist's gut, wenn man sel' Thür versperrt halt!

Röthl. (gereizt). Was willst damit sagen: „vor g'wissen Leuten?!" Bin ich nicht bei' Freier?

Gundel (wie oben). Schau' nur, daß b' recht lang a Freier bleibst!

Röthl. Nimmer lang! Auf'n nächsten Fasching ist Hochzeit, bei' Vetter, der Wirth von der Waldschenk', ist damit einverstanden!

Gundel. So kannst meinen Vetter heiraten! — Mich nit — in Ewigkeit nit!

Röthl. Ho ho! dafür wird schon dein Vetter Rath schaffen!

Gundel. Ja! wann ich noch einmal zu ihm z'ruckging!

Math. und mehrere Wildschützen. Was? nimmer zu ihm z'ruck?

Röthl. (wüthend). Das woll'n wir sehen? Ich selber führ' Dich z'ruck — und auf der Stell'! — Du mußt! — (Will ihre Hand ergreifen.)

Gundel (flüchtet sich rasch hinter Mathias). Hiesel! schütz' mich vor dem Rauber!

Math. Er soll Dir nichts anhaben! Aber sag' mir nur, warum willst nicht mehr z'ruck in die Waldschenk?

Gundel (ihm einen feurigen Blick zuwerfend). Weil —— (leise zu ihm) den Ein'n Grund sag' ich Dir, wann wir einmal allein sein!

Math. (überrascht, leise). Gundel! versteh' ich Dich recht —?

Röthl. Was soll das heimliche Wispeln? (Immer heftiger.) Gundel, laß den Verdacht nicht in mir aufkommen, der schon in mir reg' worden ist, wie Du den Hiesel gar so sorgsam 'pflegt und betraut hast — laß ihn nicht anstommen — ich rath' Dir's! Du kennst mich noch nicht!

Gundel. Ja — ja — ich kenn' Dich nur allz'gut, und (zu den Wildschützen) die Alle sollen Dich kennen lernen, damit kein ehrlicher Wildschütz mehr Hand in Hand geht mit ein'm g'meinen Dieb und Rauber, wie Du bist!

Math. und alle Wildschützen. Was? was sagst Du?

Gundel. D'Wahrheit! — Schaut's den blauen Kittel an, den er anhat, nicht wahr, 's ist ein Fuhrmannskittel —

Math. Na ja — er hat mir g'sagt, er hätt' als Fuhrmann gedient!

Gundel. Ja — aber wie? — Bei einer Hochzeit am Erbhof hat er ein'n schwäbischen Fuhrmann mit dem Versprechen, daß er ihm ein'n Rehbock verkaufen will, in a abg'legenes Waldhaus g'lockt, dort hat er ihn betrunken g'macht, und ihm, während er besinnungslos dag'legen ist, sei' Brieftaschen mitsammt allen Zeugnissen g'stohlen, ist mit Roß und Wagen davon g'fahren, und hat's in München zu Geld g'macht —

Math. (tritt dicht an Röthling). Was sagst Du d'rauf?

Röthl. (steht zitternd vor Muth, keines Wortes mächtig).

Math. Nein — Du brauchst nit z'reden — bei' blasses G'sicht — bei' Zittern bestätigt schon Alles! (Wieder zu Gundel.) Aber woher weißt Du —?

Gundel. Der Vetter selber hat mir's g'sagt — a Schergenknecht hat ihn heut', wie er kaum mit Dir fort war, bei uns in der Scheun' aufg'sucht — der Vetter hat g'meint, ich soll da herauf, soll ihn heimlich warnen — aber dazu gib ich mich nicht her — (zu Mathias) z'Dir — Dir hab' ich's sagen müssen.

Math. (aufflammend). G'nug! g'nug! (Zu Gundel.) Ich dank' Dir! (Zu Röthling und den Wildschützen.) Ihr wißt's Alle, was ich als erste Bedingung g'stellt hab', wenn ich euer Hauptmann sein soll! — Kein Raub — kein Diebstahl! — Wer so was am G'wissen hat, der taugt nicht unter uns! reißt ihm b' Flinten und Waidtaschen weg. —

Mehrere Wildschützen (packen Röthling, entreißen ihm die Flinte und Waidtasche, was er fast willenlos geschehen läßt).

Math. (zu Röthling). Und jetzt fort von uns — such' Dir den Platz selber aus, wo Du g'henkt werden willst.

Die Wildschützen (Röthling fortstoßend). Fort! Schuft — fort aus uns'rer Näh'!

Röthl. (vor Wuth fast sprachlos). Ich — ich soll fort? — Und Du (zu Gundel) Du?

Gundel (sich mit ihrer Hand auf Mathias Schulter lehnend). Ich bleib' da! — kannst's mein' Vetter ausrichten! Mich hat er g'seh'n!

Röthl. (will sich von den Wildschützen losmachen). Nein! Du g'hörst mir! — Du mußt mit —

Tiroler. Such' Dir dem Teufel sei' Großmutter zum G'spann! Die Dirn' (auf Gundel weisend) ist für Dich noch z'gut! Fort mit ihm! Fort!

Röthl. (während er fortgestoßen wird, mit drohend erhobener Faust). Wart's — wir kommen doch noch z'samm'! (Wird vollends hinausgestoßen.)

Gundel (zu den Wildschützen). Das hab' ich von Euch erwart', daß so ein' Kerl nicht länger unter Euch bulden werd's — sonst wär' ich gar nicht kommen!

Math. Aber sag' doch, Gundel! ist's bei' Ernst, daß D' wirklich da — bei uns bleiben willst?

Gundel. Bin ich denn bei Euch vielleicht schlechter aufg'hoben als unt' in der Waldschenk', die — wie ich jetzt erst seh' — mei' Vetter zur Herberg von Paschern und Diebsg'sinde macht? — Und — (Beide Arme in die Seite stemmend und Alle ringsum heiter anblickend). Könnt's Ihr mich denn gar nit brauchen?

Mehrere Wildschützen (unter sich murrend). Ein Weibsbild unter uns?

Gundel. Na — habt's Euch nit zu einer Trupp' formirt? Und' wo gibt's a Trupp' ohne Marketenderin? — A gute Marketenderin mit ein Faßl Branntwein an der Seit' ist oft so wichtig als a Feldherr, denn sie bringt ein'n guten Geist unter b' Soldaten! Aber anführen will ich Euch nit, denn wann's Eine ehrlich meint mit'm bairischen Hiesel (sich zu Mathias wendend und ihm die Hand hinhaltend) so bin ich's! Ich glaub', ich hab' bir's bewiesen! — Willst mich dafür fortjagen — mich dadurch zwingen, daß ich mein'm saubern Vettern bei seinen Schlechtigkeiten behilflich sein muß?

Math. (für sich). Die will bei mir bleiben, und — (schmerzlich) die And're - ?! (Wieder heftig.) Aber bie will ich ja vergessen — nicht mehr an sie denken und wie Gift nur durch Gegengift, so wird ein' unglückliche Lieb nur durch a neue Lieb' curirt! (Sich rasch zu Gundel wendend.) Komm' her, Gundel! Ich assentir' Dich zu unserem Freicorps! Sei unser' Marketenderin, sei, wenn Ein' a Kugel trifft, sei Krankenwärterin, und — wenn ich selber fall', druck' Du mir die Augen zu. (Zieht sie an sich.)

Gundel (ihm lachend mit der Hand über die Stirne fahrend). Wie kannst nur jetzt so traurige Gedanken haben? Die laß' ich nit aufkommen! Denn so oft sich nur a Wölkerl auf deiner Stirn zeigt, will ich mit ein' lustigen Liebel da sein, und wie b' Lerchen mitten in den Wetterwolken singen, bis der Himmel wieder heiter wird.

Sternp. Nun, so zahle gleich jetzt deinen Einstand mit einem lustigen Lied.

Gundel. Meintwegen! Aber mitsingen müßt's Alle, und eure Büchsen müßt's dazu krachen lassen und so müßt's munter ziehen gegen die Dörfer, daß b' Bauern laut aufjubeln, und b' Jäger aus Angst sich in hohle Bäume verkriechen, und 's ganze Land von dem Ruf erschallt: "Der Hiesel ist da!"

Die Wildschützen. Na, leg los, leg los!
Gundel (singt).

Lied mit Chor.

Auf, Ihr Manner!
Spannt's die Hahner
An der Flint'!
Wo in Wäldern
Und auf Feldern
Wild sich find't,
Müßt's es wagen,
Frei zu jagen
Ohne Halt!
Das wird geben
Erst a Leben,
Wann's so knallt!

Piff! paff! puff! piff! paff! puff
Rings in der Rund —
Das ist den Gutsherrn und Jägervolk
g'sund.

Ist bann unten
b' Sonn verschwunden,
Dann kehrt's beim!
Stärkt's den matten
Leib im Schatten
Grüner Bäum'!
Dirndeln schleichen,
Euch z'erreichen,
Fort vom Haus!
Ist noch g'laden
's G'wehr, — 's könnt schaden —
Schießt es aus!

Piff! paff! puff! piff! paff! puff
Rings in der Rund —
Das ist den Dirnen und Wildschützen
g'sund.

Und jetzt munter,
Zieht's hinunter
Tief in's Land!
Müßt's die Herren
Achten lehren
Jeden Stand!
Denn die kecken,
Schützen schrecken

Die auf'n Schloß!
Wer'n schon milde,
Hörn's, die wilde
Jagd ist los!
Piff! paff! puff! piff! paff! puff!
Rings in der Rund —
A bißl ein' Angst ist ben Herrischen
g'sund.

(Während der letzten Strophe setzt sich der Zug in Bewegung.)

Vorhang fällt.

Viertes Bild.
Förster und Wildschütze.

Am Fuße des Hartwaldes, von links gegen rechts ziehen sich Kornfelder mit hohen Aehren auf bis gegen die Hälfte der Bühne, im Hintergrunde Wald, links einzelne Baumgruppen, ganz im Vordergrunde rechts auf einem niederen Hügel eine halbverfallene Capelle.

Erste Scene.

Förster Grünauer. Feldwebel Brummer. Helmer. Spieß, noch andere Soldaten (in vollständiger Rüstung).
(NB. Nur Brummer, Helmer und Spieß sind in gleichartiger Montur, die übrigen Soldaten tragen Röcke und Federbüsche von verschiedenen Farben.)

Brummer, Grünauer (treten zuerst von links im Vordergrunde auf).

Helmer, Spieß, die andern Soldaten (folgen ihnen, die Gewehre theils geschultert, theils am Riemen tragend, mit sichtbarer Ermüdung).

Brummer (die Capelle erblickend, zu Grünauer). Ah, das wird wohl die Capelle sein, die uns als Sammelpunct bezeichnet ist?

Grünauer. Ja wohl, die Achatius-capelle — und was da vor uns liegt (gegen den Wald im Hintergrunde weisend) ist der Hartwald, in welchem die Kerle jetzt ihren Unfug treiben.

Brummer. Hier soll noch das Reichs-contingent vom Stifte Wetterhausen zu uns stoßen, dann können wir die Streifung beginnen.

Helmer (seinen Dreispitz abziehend und sich den Schweiß von der Stirne trocknend). Ich hab' nichts dagegen, wenn die Andern noch a Weil ausbleiben, ich bin schon vom Marsch ganz hin — und die Hitz'!

Brummer (zu den Soldaten). Na — so lagert Euch indeß hier im Schatten.

Spieß (zu Helmer). Das hätt' ich eh than — dazu braucht's ka Commando.

Einige Soldaten (setzen sich auf die Stufen der Capelle).

Andere Soldaten (setzen oder legen sich in's Gras neben derselben).

Brummer (zu Grünauer). 's ist im Grunde für uns Kriegsleute ein ärgerliches Zeug um so eine Streifung! Zum Spitzbubenfangen soll man Schergenknechte und nicht Soldaten commandiren!

Grünauer. Eh'mals haben wir Jäger es wohl allein mit dem Wildschützenvolk aufgenommen — aber jetzt, hol' mich der Teufel, will's nicht mehr geh'n.

Brummer. Warum nicht? 's gibt doch fast mehr Jäger hier zu Land, als and're Unterthanen.

Grünauer. Und wieder mehr Wildschützen als Jäger! Ihr habt ja keine Ahnung, wie sich das Gesindel mehrt! Dazu weiß ihr Häuptling, der Hiesel, sie so schlau zu führen und zu postiren, daß man ihrer nie habhaft werden kann. Kaum wähnt man sie an einem Orte, und will sie einkreisen — ja, prosit der Mahlzeit — weg sind sie, als wären sie durch die Luft gefahren.

Brummer. Da muß der Hiesel ja ein wahres Feldherrngenie sein.

Grünauer. Er hat's leicht! — Das ganze Bauernvolk ist für ihn und gegen uns, er erhält immer die sicherste Kunde, während wir verrathen und verkauft wer-

3

gen! Darum treiben sie auch ihr Handwerk mit so beispielloser Frechheit! In Wäldern, welche vor einem Jahre noch über tausend Stück Hochwild bargen, findet Ihr jetzt keine wilde Katze mehr.

Brummer. Aber wer Teufel nimmt ihnen denn so viel Wildpret ab?

Grünauer. Wer? Die Wirthe in Städten und Dörfern — sie kriegen's ja für einen Spottpreis! — Bauern, die sonst das ganze Jahr Erdäpfel fraßen und sich höchstens am Sonntag ein Stück Selchfleisch gönnten, essen nun ihren Hasen- oder Rehrücken zum Vesperbrod, und die hohen Herrschaften, denen doch von Gotts- und Rechtswegen Wald und Wild gehört, können sich das Maul abwischen! Donnerwetter! Das muß anders werden, und deshalb müßte das Militär von allen Reichsständen aufgeboten werden, um endlich das Land zu säubern.

Brummer. Na — wir werden's wohl richten. Wenn wir nur schon complet wären.

Spieß (hält sich die Hand über die Augen und sieht gegen links in die Scene). Herr Feldwebel!

Brummer. Was gibt's?

Spieß. Dort drüben ist g'rab' ein Soldat durch'n Bach g'wat' — jetzt sitzt er auf dem Markstein und zieht Schuh und Strümpf wieder an — aha! Er kommt daher.

Brummer. Was? ein einziger Mann? — der muß von seinem Corps versprengt worden sein! (Zu Spieß.) Mach' Er sich auf, stell' Er sich auf den Weg als Vorposten und ruf Er den Mann an.

Spieß (sich aufraffend). Ah! ob man denn a Ruh' hat! (Nimmt sein Gewehr, geht auf die entgegengesetzte Seite der Bühne.)

Zweite Scene.
Vorige. Jäckle.

Jäckle (ein altes mageres Männchen, etwas hinkend, in einem ihm viel zu großen abgeschabnen Soldatenrocke mit citrongelben Aufschlägen und einem Federbusche von gleicher Farbe, tritt, das Gewehr am Boden nach sich schleppend, von links auf).

Spieß (fällt sein Gewehr, mit donnernder Stimme). Halt! Wer da?

Jäckle (zurückprallend, im schwäbischen Dialecte). Herrgöttle! Bin i jetzt verschrocke!

Spieß (noch drohender). Halt! Wer da?

Jäckle. Na — wart's nur a bißele, bis i mi g'richt han! (Nimmt sein Gewehr auf, und bemüht sich ein soldatisches Ansehen zu geben.) I bin bös Reichscontingent vom Stift Wetterhause! — (Umgeht Spieß und tritt zu den andern Soldaten.) Grüß' Gott bei einander! Hänt's Ihr scho ebbes g'fange? Ich bin auch da zum Streife!

Brummer. Wer ist Er?

Jäckle. Han i's bo scho g'seit: I bin 's Reichscontingent von Wetterhause! Es is ä Zettel 'rumgegange, daß die Reichsständ' solle ihre Mannschaft stelle, um den bairischen Hiesel z'fange, den Wildbieb, den gottverdächtigen! »Guck!« hätt' der Reichsprälat g'seit: »ba werd nix übrig bleibe, als daß wir unser Contingent au marschire lasse! Nachtwächter Jäckele« - bös bin i! — »ganget in die Rumpelkammer und ziechet das Soldate'sRöckli an, 's hängt drobe beim alte' Eise und bei die Fußschelle'! — Zieh's an', Jäckele!« hätt' er g'seit »und gang au mit streife.

Brummer (sich verächtlich abwendend zu Grünauer). So einen Nußknacker schicken sie uns. (Barsch zu Jäckle.) Aber warum trifft Er so spät ein? Wir kommen von Münsterhausen und hatten einen viel weitern Weg — und doch kommt Er später.

Jäckle. I bin ebe' aufg'halte worde! Wie ich an die Wurzachische Gränz komme

bin und han's passire wolle, da habe se
mich aufg'halte und haben g'selt, se hätte
kein' Vertrag mit Wetterhause von wege'
de' bewaffnete Durchmärsch; do könnten se's
nit verlaube' und müßten erst Bericht mache
und anfrage'. Da han i denkt, 's könnt'
ä bißle spät werde auf die Weis' und bin
lieber drauße herumgange — na — und
da han i do a guet's halbes Stünble
braucht, bis i um's ganze Ländle herum
komme bin!
Brummer (zu Grünauer). Mehr Verstärkung
werden wir wohl schwerlich erhalten!
Wir wollen also keine Zeit verlieren.
Wie stellen wir's nun an?
Grünauer. 's wird wohl am besten
sein, wenn wir uns in drei Abtheilungen
formiren. Hinter dem Walde liegt das
Dorf, dort treffen wir wieder zusammen.
Ich gehe mit einigen Leuten von hier aus
geradezu in den Wald. — Ein Theil von
rechts — der andere von links — dann
bleibt keine Hauptpartie des Forstes unberührt.
Brummer. Gut! (Zu den Soldaten, commandirend.) Angetreten!
Helmer,
Spieß,
Jäckle,
Die Soldaten (erheben sich schwerfällig, nehmen ihre Gewehre und stellen sich in eine Reihe auf).
Brummer (theilt die Leute in drei Abtheilungen; zur ersten). Ihr geht mit mir —
nach rechts — (zur dritten) Ihr nach links
(zur mittleren, in welcher Jäckle) Ihr folgt
dem Herrn Förster! — Was Verdächtiges
getroffen wird, wird angehalten!
Jäckle. Aber wann sich's nit halte
laßt?
Brummer. Donnerwetter! Zu was
habt Ihr eure Gewehre? Niedergeschossen,
was Widerstand leistet — ohne Pardon!
— Habt Acht! Halb rechts! Halb links!
Marsch! (Er selbst marschirt mit seinen Leuten
nach rechts ab.)
Die dritte Abtheilung (marschirt nach
links ab).

Grünauer (zu seiner Abtheilung). Und
Ihr folgt mir!
Jäckle (vortretend). Nei! Herr Förschter!
Das wird do nit gahn!
Grünauer! Zum Henker! Warum
nicht?
Jäckle. Weil mir der Herr Prälat af
die Seel' gebunde hat, daß ich ihm an
seine Rechte und Privilegie' nit vergebe
lasse! I bin 's Reichscontingent von Wetterhause
und kann mi also von Niemand
commandire lasse', als von ein' Wetterhauser!
Grünauer. Aber wenn kein anderer
Wetterhauser da ist, als Er?
Jäckle. Dann commandir' i mi selber!
Grünauer. Na, so commandir' Er in's
Teufels Namen! Aber nur vorwärts!
Jäckle (commandirt). Marsch! — (Sie
marschiren gerade gegen das Publicum.)
Grünauer. Aber was treibt Er denn?
Wir müssen ja gegen den Wald!
Jäckle. Na, gucket mal! Was hat Er
denn gesagt: »Nur vorwärts?«
Grünauer (ungeduldig). So macht zuerst
Rechtsum!
Jäckle (zu Grünauer). Meint Er? — Na
— isch mir auch recht! (Commandirt.) Rechts
um!
Die Soldaten (kehren um, bleiben aber
stehen).
Grünauer (wie oben). Nun Marsch!
Marsch! (Vom Walde her kracht ein Schuß.)
Jäckle (läßt vor Schreck sein Gewehr fallen,
am ganzen Leibe zitternd). Gotts Dunner!
Dort schieße sie!
Grünauer (vor Wuth mit dem Fuße
stampfend). Himmel und Hölle, das sind die
Wilddiebe! Vor unsern Augen jagen sie.
Jäckle. Ja — 's isch g'rad', als ob's
uns nit ä Bizele fürchte' thäte'!
Grünauer (gegen den Hintergrund links
sehend). Ha! Dort bricht ein angeschossener
Bock durch's Dickicht — jetzt sinkt er zusammen
— dort — im Getreidefeld —
und jetzt — seht — seht doch! Ein Mann
tritt aus dem Walde —

3*

Jädle (ebenfalls hinsehend). Richtig! — Aber luget ämol! Das is ja gar kei' Wildbieb — das is ä Jäger — hat ja 's grüne Röckel an!

Grünauer. Nein! Nein! — Der Hiesel hat sich erfrecht, seinen Leuten grüne Jägerkleider machen zu lassen! (Sieht wieder gegen den Hintergrund.) Er schleppt den Bock aus dem Felde — näher hieher! — Donner und Blitz! Ich erkenne ihn! — 's ist der verfluchte Hiesel selber!

Jädle (heftig erschreckt). O Du blau's Herrgöttle! (Rafft schnell sein Gewehr auf, und flüchtet sich so, daß er von der Capelle gegen den Wald zu gedeckt ist.) Mir nach!

Die anderen Soldaten (eilen auch hinter die Capelle).

Grünauer (zu den Soldaten). Teufel! Was thut Ihr denn?

Jädle. Wir thun uns nur ä bißle verschanze!

Grünauer. Memmen! Thut was Ihr wollt — ich brauch' Euch nicht! — Er ist allein und Mann gegen Mann fürcht' ich Niemanden! — Ich laß' ihn ankommen! (Macht seine Flinte schußfertig und duckt sich anfänglich lauernd hinter die Aehren des Feldes.)

Jädle (zu den Soldaten). Ifch ä couragirter Mann, der Förster! Woll'n wir doch luege, ob er den Hiesel fangt! (Guckt behutsam hinter der Capelle hervor.)

Dritte Scene.

Vorige. — Mathias.

Math. (kommt, in einer Hand die Flinte tragend, mit der anderen einen Rehbock schleppend, vom Hintergrunde links, bis er außerhalb der Felder ist, dann läßt er, jedoch ganz im Hintergrunde bleibend, den Bock vollends auf die Erde sinken). So! Will 's Feld nicht noch mehr verwüsten! — Hier aber will ich den Bock zerwirken! (Legt die Flinte auf den Boden, zieht den Rock aus, streift die Hemdärmel auf, zieht dann das Waldmesser, kniet zum Wilde nieder und will dasselbe aufbrechen.)

Grünauer (ist indeß längs des Feldes, immer gebückt, bis nahe zu Hiesel vorwärtsgeschlichen, nun erhebt er sich plötzlich, legt das Gewehr an und ruft mit lauter Stimme): Halt! Wildbieb! Nicht gerührt! Du bist mein Arrestant!

Math. (ohne sich stören zu lassen, den Kopf nur leicht erhebend). Pressirt's so? Ich möcht' doch früher mit meiner Arbeit da fertig werden!

Grünauer. Keine Umstände, Kerl! Jetzt ist's aus mit deinem Uebermuth! — Du bist in meiner Hand! Augenblicklich steh' auf und geh' ruhig vor mir her, oder ich schieß' Dich nieder! Ich treff' sicher!

Math. (richtet sich auf einem Knie empor, ganz ruhig). Will's wohl glauben, daß D' gut schießen kannst, Förster! Aber (mit dem Daumen nach rückwärts gegen den Wald deutend) die da können's noch besser!

(In demselben Augenblick streckt sich fast hinter jedem Baume des Waldes ein Flintenlauf gegen Grünauer gerichtet hervor.)

Grünauer (zurückprallend). Himmel!

Math. (mit gedämpfter Stimme). Schrei nit — wann's D' nit zwanzig Kugeln auf einmal im Leib haben willst! (Aufstehend und sein Gewehr aufnehmend.) Jetzt ist b' Reih' an mir! Hahn in Ruh! Und nit g'rührt! — Jetzt bist Du mein Arrestant! (Bleibt gegen den Vordergrund, wo Jädle's Kopf eben hinter der Capelle hervorguckt.) Hoho! Dort seh' ich ja Federbüsch'! (Zu Grünauer.) Soldaten hast Dir mitg'nommen?

Grünauer (wieder etwas ermuthigt). Ja — ein Ruf — und sie sind da!

Math. Glaub'st, daß's g'schwinder sein als unsre Kugeln? — Aber kennen will ich's lernen! Du thust jetzt, was ich will, oder — — (Deutet wieder nach dem Walde.)

Grünauer (zähneknirschend vor innerer Wuth). Und was willst Du?

Math. Wart' — (zieht seinen Rock wieder an, dann zu Grünauer). So — jetzt gibst mir d' Hand, als ob wir gute Freund' wären — (Da Grünauer noch zögert.) Na — wird's? — (Hält ihm die Hand hin.) Grünauer (mehr für sich). Ich muß! — (Legt seine Hand in die Mathias'.)

Math. (thut als ob er ganz vertraut mit ihm spräche und nimmt ihm die Flinte ab, die er besteht).

Jäckle (im Vordergrunde, zu den anderen Soldaten). I han be Recht g'hat — 's isch kei Wilddieb — 's isch a Jager! — Nu könne mer schon au nach! — Kommt's! (Nimmt sein Gewehr auf die Schulter und geht mit den anderen Soldaten zur Gruppe im Hintergrunde.)

Math. (als ob er sie jetzt erst bemerkte). Was gibt's denn? — Was wollen denn die Mannschaften?

Jäckle. Mer sin be Streif! — Mer solle ben Spitzbube fangen, ben baierischen Hiesel! Kann uns der Herr nit sage, wo wir'n finde?

Math. Freilich! Damit kann ich schon aufwarten! (Gegen den Wald rufend.) He da! Ihr da b'rinnen! Die Herren wollen den baierischen Hiesel kennen lernen!

(Die Läufe richten sich sämmtlich in die Höhe und werden gleichzeitig über die Köpfe der Soldaten weg in die Luft abgefeuert.)

Jäckle, die Soldaten (lassen Mützen und Gewehre fallen und enteilen schreiend nach verschiedenen Seiten).

Math. (lacht laut auf). Ha, ha, ha! Ha, ha, ha! — Wie weg'blasen! — (Gegen den Wald.) Aber jetzt kommt's heraus!

Vierte Scene.

Vorige. Sternputer. Tiroler. Blauer. Andres. Lissaboner. Gamsler. Die übrigen Wildschützen (treten hinter dem Baumstrunk und Gebüschen hervor).

Sternp. (zu Mathias). War's so recht?
Math. Daß's nur in b'Luft g'schossen habt's? — Freilich! — Die armen Teufeln von Soldaten können nichts dafür, sie müssen kommen, wenn (verächtlich auf Grünauer blickend) d'Jager selber g'stehn, daß's es mit uns nicht mehr aufnehmen können! — Aber — da hab' ich jetzt ein' G'fang'nen — was fangen wir denn mit dem an?

Die Wildschützen (treten näher zu Grünauer).

Gamsler (ihm in's Gesicht sehend). Teufel! ben kenn' ich — das ist ja —
Mehrere Wildschützen. Wer? Wer?
Gamsler. Ja — 's ist der nämliche Förster, der dem armen Bobinger's Lebenslicht ausblasen hat!

Math. Was? Was? (Zu Grünauer barsch.) Red' — hast Du das than?

Grünauer (seufzend). Ja! 's war meine Pflicht — »wenn ein Wildschütze auf den ersten Anruf nicht stehen bleibt, ist Feuer auf ihn zu geben!« — So lautet die Instruction.

Math. (wild auflachend). Ha, ha! Im Kopf hast das G'setz — hast aber nie probirt, ob's in's Herz auch hineinpaßt? — Aber gut! Ihr gebt's uns das Beispiel. Wie Ihr mit uns, so wollen wir mit Euch verfahren! — Knie nieder! (Gebieterisch.) Auf die Knie! sag' ich!

Grünauer (zusammenbebend). Was willst?
Math. Dir thun, was Du dem Bobinger gethan hast!

Die Wildschützen. Recht so! Rach'! Rach'!

Math. (zu Grünauer). Ich will Dir noch erlauben, als Mann zu sterben — knie' frei da auf'n Platz nieder — oder soll ich Dich erst an ein' Baum binden lassen?

Grünauer (resignirt). Nein! — Ich seh' ein — ich hätt' Dich auch nicht verschont — jetzt bin ich in deiner Gewalt — thu' — was D' vor Gott verantworten kannst — aber — ziel' gut! (Läßt sich auf ein Knie nieder und öffnet die Brust.)

Math. (sich schußbereit vor ihn stellend). Bet' noch ein' Vaterunser! — Dann —

Grün. (faltet die Hände und murmelt das Gebet, dann von einem schmerzlichen Gefühle ergriffen laut weiter betend). Gib uns unser tägliches Brod! (Die Hände zum Himmel erhebend mit fast von Thränen erstickter Stimme.) Gib' du, Gott! meinem Weib' — meinen Kindern ihr Brod — ich — ich kann es ihnen nicht mehr geben!

Math. (ergriffen) Dein Weib? — und Kinder hast?

Grün. Vier Knaben, das jüngste noch an der Mutter Brust!

Math. (jetzt rasch seine Flinte ab, wendet sich seitwärts, fährt sich rasch mit der Hand über die Augen, dann mit der Hand eine Bewegung gegen Grünauer machend). Steh' auf! — geh'!

Grün. (kaum seinen Ohren trauend, fast aufschreiend). Hiesel! — Du — faß' ich denn —?

Math. (die frühere Handbewegung wiederholend). Geh', sag' ich — (mehr vor sich hin sprechend) den Fluch von Weibern und Kindern will ich nicht auf mich laden! — Geh'! Du bist frei!

Grün. Frei? frei?! — (Auf den Knien bis zu Mathias vorrutschend.) Hiesel! Mein Todesurtheil — gefaßt hört' ich's — doch — frei — zu meinem Weib — meinen Kindern! — es überwältigt mich! (Faßt Mathias' Hand, drückt sie an seine Lippen, umklammert seine Füße und gleitet fast ohnmächtig an denselben zur Erde herab.)

Schlußgruppe.

(Der Vorhang fällt.)

Fünftes Bild.
Rebell und Soldat.

Stube in einem Dorfwirthshause mit einer Mittel- und zwei Seitenthüren. In der Mitte der Stube steht ein langer gedeckter Tisch mit Blumenaufsätzen, rings um denselben Stühle; im Vordergrunde rechts und links kleinere ungedeckte Tische.

Erste Scene.
Halinger. Kellnerinnen. Röthling.

Die Kellnerinnen (sind beschäftigt, den großen Tisch in der Mitte vollends zu decken).

Hal. (mißmuthig im Zimmer auf- und niedergehend). Deckt's den Tisch nur fein uebel, damit die vornehme Bagage nichts aus'z'setzen hat! Ist a Frechheit ohne Gleichen — jetzt — bei mir a Tafel b'stellen, bei mir, von dem's erst vorige Wochen zehn Gulden Strafgeld niederträchtiger Weis' haben elucassiren lassen! O! ich könnt' ihnen Gift und Operment in Wein mischen und Kronäugeln statt der Mehlspeis' in b'Suppen einkochen!

Röthl. (mit schwarzer Perrücke, einem langen, gleichfalls schwarzen Schnurrbarte im verschnürten Pelzpenser, eine Pelzmütze auf dem Kopfe, an der Seite ein Metzgermesser an einem Lederriemen und in der Hand einen Stock mit eiserner hakenförmiger Handhabe tragend, tritt durch die Mitte ein, im ungarischen Dialecte sprechend). Servus, Barátom! Gebt Krügel Bier! (Will sich an den großen Tisch setzen.)

Hal. Halt! halt! nit daher — der Tisch ist b'stellt — (Bitter lachend.) Ha ha ha! wenn der g'strenge Herr Amtmann ein' Ung'ladenen da sitzen sehet — ich glaub', er ließ' ihn in' Kotter werfen!

Röthl. Na, alles eins! (Setzt sich an den Tisch im Vordergrunde rechts.)

Eine Kellnerin (stellt einen Krug Bier vor ihn).

Röthl. (zu Halinger). Sagt mir, Uram Wirth, ist nicht da im Ort was zu machen vom G'schäft?

Hal. (ihn betrachtend). Hm! den Herrn brauch' ich wohl nit z'fragen, was für a G'schäft er treibt? Er ist a Metzger — geht wohl so in's Gäu?

Röthl. Ja — möcht' ich kaufen Schof oder Rindvieh —

Hal. Und da kommt's zu uns? (Mit verbissener Wuth.) Na! wir haben's ja! — Hat erst mancher von unsr'e Bauern selbst's Stück Vieh verkaufen müssen, um den Theil von der Braubschatzung, die unser guter Herr Amtmann über's ganze Ort verhängt hat, zahlen z'können!

Röthl. Jai! jai! überall nir als Klag'
über verfluchte Amtsleut'! — (Erzählt doch.
Hal. Jetzt hab' ich ka Zeit — muß erst in
der Kuchel nachschauen! (Zu den Kellnerinnen.)
Kommt's, Dirndeln! Richt's die Brateln her,
macht's den Salat fein an, der g'strenge
Herr is ja a gut's Essen g'wohnt! Ha ha
ha! er schmalzt sich ja Alles mit Bauern=
fetten! (Geht grollend nach rechts ab.)
Die Kellnerinnen (folgen ihm).
Röthl. (allein in seiner natürlichen Rede=
weise). Mir ist's recht, wann ich d' ganze
Welt schimpfen und klagen hör' — warum
soll's denn mir allein schlecht geh'n? —
Ha ha ha! wann ich mei deutsche Mutter=
sprach' nit verlernen will, so muß ich, wenn
ich allein bin, laut mit mir selber reden
— dörf die schwarze Parrocken oft nit ein=
mal wenn ich schlaf' abnehmen, sonst pa=
cken's mich beim Schopf! — Seit die bal=
lete G'schicht mit dem Ulmer Fuhrmann
aufkommen is, judeu's mich überall —
ich wär' nirgends sicher g'wesen als beim
Hiesel seiner Banda, aber der hat mich
a fortg'jagt — ha ha ha! der! Als
ob er was Bessers wär' als ich! — Und
die Gundel — die Gundel! (Ballt grimmig
die Faust und drückt sie gegen die Stirne.)

Zweite Scene.
Röthling. Gundel.

Gundel (als Nürnberger Lebkuchenhändlerin
gekleidet, auf dem Rücken eine kleine Kreunze,
einen Korb mit Lebkuchen am Arme, tritt sin=
gend durch die Mitte ein).
Kleine Kinder, Herzen, Reiter
Trag' ich in mein' Korb beisamm'!
Leuteln, geht's mir nur nicht weiter,
Kauft's was ab von meinem Kram!
Kriegt a Dirndel solche Kinder (ein Leb=
tuchenkind emporhaltend),
Trifft's dafür ka Kirchenstraf,
Und sie stören's auch viel minder
Durch ihr G'schrei in ihrem Schlaf!
Und nimmt Eine so ein' Reiter (einen
Lebkuchenreiter emporhebend),

Den hat's g'wiß zum Fressen gern,
Denn er geht ihr niemals weiter
Und kann ihr nie untreu wer'n!
Und vor Allem meine Herzen (Herzen em=
porhebend),
D'ran find't jede ein Behag'n,
Denn es macht ihr höchstens Schmerzen,
Wann's ihr einmal liegt im Mag'n!
(Setzt ihre Kreunze auf dem Tische links ab.)
Röthl. (ist bei Gundels Eintritt vom Sitze
aufgesprungen und hat sie starren Auges betrach=
tet, für sich). Hol' mich der Teufel! — sie
ist's! Wenn man den Wolf nennt, kommt
er g'rennt! — Aber jetzt heißt's g'scheit
sein! (Setzt sich wieder.)
Gundel (tritt zu ihm). Na, kauft mir
der Herr nix ab von meiner Waar'?
Röthl. (wieder mit verstellter Stimme).
Nem! heißt Pfefferkuchen, spürt man aber
nichts von Paprika! Aber wenn verkauft
sie Büffel, nimm ich ein paar Dutzend!
Gundel. Könnt's auch haben! (Wirft ihm
einige Lebkuchenplätzchen auf den Tisch.)

Dritte Scene.
Vorige. Halinger.

Hal. (kommt wieder von rechts zurück, Gun=
del erblickend, sichtbar erfreut). Was seh' ich
— Du
Gundel (gibt ihm rasch einen Wink zu
schweigen, dabei auf Röthling deutend, dann laut).
Ja — ich hab' wieder von Nürnberg aus
mei Wanderschaft antreten mit meiner
Waar' — sagt's mir, Wirth, habt's nit
bald Kirmeß im Ort?
Hal. Ja — ja — (bedeutsam) mir' scheint
wohl — und ich möcht' bei Dir etwas b'stel=
len — komm a bißl her. (Geht mit ihr zu
dem Tische links — leise mit ihr sprechend.)
Ich kenn' Dich, Gundel —
Gundel (leise). Nachher, wißt's auch
warum ich da bin?
Hal. Der Hiesel mit seine Leut' ist in
der Näh'? — Das weiß man, wann man
Dich sieht, denn wie b' Schwalben dem
Sommer, so ziehst Du ihm immer voran!

Gundel. Ja, nu erſt z'ſehen, ob b' Luſt rein iſt — Sagt's mir, ſein vielleicht Soldaten im Ort?
Hal. Dahier nit!
Gundel. Aber vielleicht in den nächſten Ortſchaften?
Hal. Ich wußt' nit! Aber wart' a bißl— (Geht zu Röthling hinüber.)
Röthl. (für ſich). Was haben benn die mit einander g'wiſpelt?
Hal. (laut zu Röthling). He! G'vatter! Ihr ſeid's g'wiß die Ortſchaften in der Rund' auch ſchon abgangen?
Röthl. Igen — hab' aber auch nichts gefunden.
Hal. Na — habt's nichts g'hört — haben b' Leut' nit über Militäreinquartirung klagt?
Röthl. (für ſich). Aha! geht's da hinaus! (Laut.) Nem — hab' ich auch nirgends geſehen ſeit fünf Meilen Soldaten. (Wieder für ſich.) Ich weiß's ſchou, wo's ſein! (Laut.) Hát! warum fragt's?
Hal. Na — mir ſcheint, das Dirndel (auf Gundel weiſend) hat ein Schatz, der's doppelte Tuch tragt und hat g'hofft, ihn z'treffen. (Zu Gundel, bedeutſam.) Du hörſt aber, es iſt nichts! (Geht wieder zu ihr, leiſe.) Geh' nur g'ſchwind und ſag' das dem Hieſel!
Gundel (leiſe). Iſt nit nothwendig! Wir haben's ausg'macht, wenn ich nicht gleich z'ruckkomm' ſo kommen ſie her!
Hal. (leiſe, ſich vergnügt die Hände reibend). Bravo! bravo! ich weiß ihm heut' ein' Arbeit! wart' — ich muß nur a paar von die Nachbarn z'ſammenrufen — gleich bin ich wieder da! (Eilt durch die Mitte ab.)
Röthl. Na, Madel! ſag' — bleibſt Du ſchon da im Ort?
Gundel. Weiß's ſelber noch nicht — darnach halt die G'ſchäft' geh'n! Vielleicht geh' ich heut' uoch weiter.
Röthl. Und mußt tragen ſchwere Kreuzen und Korb — mußt geh'n zu Fuß?
Gundel. Ja fein' Wagen tragt mir mei kleiner Haudel nit! Manchmal laßt mich wohl a Bauer a Strecken weit auf ſein' Wagerl mitfahren.
Röthl. Na — hab' ich auch klans Wagerl! hab' glaubt, kaun ich einkaufen Kalb ober Schwein — hát — iſt nichts da — und wann ſie will — braucht nir zu zahlen.
Gundel. Na, b'rüber reden wir vielleicht noch, ich müßt' erſt ſehen, ob wir den nämlichen Weg haben! — (Horchend.) Aber ſtill! (Für ſich.) Ich glaub', meine Leut' kommen ſchon!

Dritte Scene.

Vorige. Mathlas, Andres, Sternputzer, Tiroler, Blauer, Liſſaboner. Mehrere andere Wildſchützen. Halinger, ſpäter einige Bauern.

Hal. (öffnet die Mittelthür weit und bleibt mit abgezogener Mütze an derſelben ſtehen). Nur herein, Ihr Herren! — Iſt a b'ſonb're Ehr', die mein' Hans widerfahrt — freut mich b'ſonders, daß ich das Glück hab', den berühmten Herrn Hieſel ſelber vor mir z'ſehen! (Drückt Mathlas herzlich die Hand.)

Math. (zu Halinger). Füttert's mich nicht mit Complimenten — davon werd' ich und meine Leut' nit ſatt! Schaut's lieber, daß was Ordentlich's auf'n Tiſch kommt' — b'Gundel iſt heut' auch mei' Gaſt! (Tritt zu ihr und umſchlingt ſie mit ſeinem Arm.)

Gundel. O, wann ich nur bei Dir ſein kann, nachher bin ich mit ein' Stück'l Brod und a paar Erdäpfel auch z'frieden! (Küßt ihn.)

Röthl. (für ſich). Das z'ſehen! oh — ich könnt'! — (Faßt das an ſeiner Seite hängende Meſſer — doch ſich beherrſchend.) Aber nein! jetzt nit! — Mei' Zeit kommt erſt! — (Wendet ſich ab, legt dann beide Hände auf den Tiſch und den Kopf auf dieſelben und ſtellt ſich ſchlafend.)

Hal. (zu Hieſel). Ja — mehr als das,

was die Gundel g'rab' g'sagt hat, werd' ich Euch heut', so leib's mir ist, ohnehin nit vorsetzen können!

Math. (zu Hallinger). Was sagt's? — Und da — (auf den großen Tisch weisend) ist doch deckt, als waun's ein' Brautschmaus geltet!

Hal. Wie gern g'unnet ich den Herren das, was für den Tisch b'stellt ist! —

Math. Was wollt's damit sagen?

Hal. (mit bittend gefalteten Händen). O Herr Hiesel! Ihr könnt's wohl auch was für unser arm's, rein ausplündert's Dörfel thun!

Math. Aus'plündert? — Von wem?

Hal. Na, wißt's — das Oertl g'hört dem Herrn Reichsbaron von Sternlingen — der hat, g'rab' wie d'Felder schon zum Schnitt' reif waren, a große Parforcejagd veranstalt' und da g'schieht's — ich weiß' meiner Seel' nit wie? daß der Sohn vom Herrn Baron mit sein Pferd in a Gruben stürzt — und sich'n Fuß bricht — jetzt sollt' man's glauben? jetzt ist's Wetter über uns losg'angen — wir — so hat's g'heißen, wir hätten die Gruben mit Fleiß g'raben!

Math. Na — und was ist weiter g'schehen?

Hal. 's ganze Dorf ist g'straft worden! Fünfhundert — hört's! fünfhundert Gulden sein uns als Straf' aufg'legt worden, die Leut' sein alle verruinirt — aber der Herr Amtmann — ha ha ha! — der gibt heut' dahier a große Tafel —

Math. Daher — daher kommt er?

Hal. Ja, und sei' g'strenge Frau Gemalin auch mit die Kinder!

Math. (zu den Wildschützen). Ha ha! — da sein wir ja just z'recht kommen! — Meint's nicht?

Sternp. Ha ha! kann mir's denken, was Du vorha'st! — Da gibt's wieder einen Streich', von dem die Geschichte zu erzählen haben wird! Was haben wir zu thun?

Math. Vor der Hand nichts, als ba= z'bleiben, das Anb're ist mei' Sach' allein! (Zu den Bauern.) Euren Proceß will ich bald z'Gnd führen — und wann Ihr binnen einer Viertelstund' die fünfhundert Gulden nit wieder baar z'ruck hab't, so will ich nit mehr der bairische Hiesel heißen!

Die Bauern. Gelt's Gott! gelt's Gott tausendmal! — (Entfernen sich.)

Math. (zu den Wildschützen). Was Platz hat, setzt sich jetzt da — an die Tafel — Gundel! setz' Dich an mei' Seiten! — Ihr Andern setzt's Euch an die Tisch — (Auf die Tische im Vordergrunde weisend.)

Tir. (geht zu dem Tische rechts, auf Röthling weisend). Wer ist das?

Hal. Ein ungarischer Metzger, der so die Dörfer abgeht wegen Viehhandel!

Tir. Der schlaft! (Rüttelt ihn) He, Freund!

Röthl. (sich stellend, als ob er eben erwachte und sich die Augen reibend). Was ist? — (Sich verwundert umsehend.) Ah! bin ich wirklich eing'schlafen! (Sich streckend.) Ah — weite Weg' und Hitz'! — werd' ich mich bißl auf Heuboden legen —

Hal. Ja, ja, geht's nur hinauf — da (auf die Seitenthür rechts weisend) aber daß's nit etwan raucht's!

Röthl. Na! na! bin' ich zu müd'! (Geht, sich noch ganz schlaftrunken stellend, durch die Seitenthür rechts ab.)

Math. (hat indeß Gundel zu der Tafel geführt und sich mit ihr obenan gesetzt).

Sternp., Lissab., Andres und andere Wildschützen (setzen sich auch an die Tafel).

Blauer, Tiroler und die übrigen Wildschützen (setzen sich an die beiden Tische im Vordergrunde rechts und links).

Hal. (zu Mathias). Soll ich vielleicht glei' aurichten lassen?

Math. Hat Zeit! Nach gethaner Arbeit schmeckt's besser! — Ach, da kommt schon der Herr Amtmann!

Vierte Scene.

Vorige. Eine Kellnerin. Amtmann Rechthuber, Amalie, Otto, Hubert. Einige alte Bauern (im Sonntagsstaate), unter diesen Malberger.

Otto und Hubert (zwei Knaben im Alter von 6—8 Jahren treten zuerst ein).
Rechth. (ein ältlicher Mann mit weißer Lockenperrücke, Haarbeutel und Degen folgt, Amalien am Arme führend).
Die Ortsältesten (treten zuletzt ein).
Otto (von dem Anblicke der Anwesenden überrascht, zu Rechthuber zurückeilend). Papa! — die Menge Jäger! —
Rechth. (bleibt ebenfalls überrascht stehen). In der That! — Und keiner von unserm Forstpersonale! (Läßt Amaliens Arm los und wendet sich gegen die Wildschützen.) He, Leutchen! wie kommt Ihr hieher? Was wollt Ihr hier im fremden Reviere?
Math. (steht auf und tritt zu ihm). G'strenger Herr Amtmann! Ich hab' mich g'rad bei Euch melden wollen! Wir sein gar weit her — auf einer Streif gegen reißende Thier, die sich hier in der Gegend aufhalten sollen!
Rechth. Reißende Thiere!? — Ist mir doch nichts bekannt, daß sich in unser'n Wäldern ein Wolf oder gar ein Bär gezeigt haben sollte!
Math. Ha! wegen ein' Bären oder ein' Wolfen braucht'n wir wohl nit so Viele z'sein — aber das Thier, von dem ich red', — das ist ein viel ärgeres Ungeheuer!
Rechth. (lächelnd). Nun, doch nicht etwa gar ein Tiger oder eine Hyäne!
Math. Noch weit ärger! — Es ist ein Vampyr!
Rechth. (ungläubig). Ein Vampyr?
Amalie. (erschreckt). Heiliger Gott! von einem solchen hab' ich erst neulich gelesen —
Rechth. Pah! pah! Aberglaube — Volksmärchen!
Math. Ja — 's Volk erzählt sich solche G'schichten — aber was Wahres liegt allweil' zu Grund! — 's Volk stellt sich ein' Vampyr als ein G'schöpf vor, was wohl ausschaut wie and're Menschen, oft aber sich in ein' Wolf verwandelt, der die Leut' nit wie ein and'rer Wolf anfallt und zerreißt, sondern ihnen — das Blut aussaugt, daß's herumwandeln wie b' Schatten und langsam elendiglich z'Grund' geh'n!
Rechth. (noch ungläubig lächelnd). Und ein solches Wesen, meint Ihr, existire, und hier?
Math. In dem ganzen unglückseligen Land! Schaut's die blassen, abgekümmerten G'sichter der Bauern — schaut's die Dickwännst' der Amtsleut' (auf Rechthuber's Corpulenz weisend) an, und Ihr wißt's, wer die Ausg'sogenen — wer die Vampyr' sein'!
Rechth. (einen Schritt zurückthuend, erschreckt). Mann! Ihr meint?!
Amalie (ebenfalls erschreckt, sich an Rechthuber anklammernd). Um Gottes Barmherzigkeit! — Mann!
Die Wildschützen (haben sich sämmtlich von ihren Sitzen erhoben und ihre Flinten schußfertig gemacht).
Rechth. (es gewahrend, noch mehr entsetzt). Was soll das? — Wollt Ihr — einen Mord begehen?
Math. Nein — das nutzt nichts denn ein Vampyr, so heißt's, bleibt auch im Grab' nit liegen, sondern steht wieder auf und treibt sein Wesen fort! — Das soll wohl so viel bedeuten, als daß, wenn man auch ein' Amtmann niederschlagt, ein and'rer kommt, der noch blutgieriger ist. —
Rechth. Was also wollt Ihr sonst?
Math. Das Blut will ich, was Ihr den armen Leuten ausg'sogen habt — die fünfhundert Gulden — heraus damit!
Rechth. Das ist nicht mein Geld

das kann — darf ich nicht zurücker=
statten —

Math. (zornig). Nicht? — nicht? Und
was thut Ihr, wenn Ihr a Geld nicht
kriegt? Ihr nehmt a Pfand! — Gut! so
mach' ich's auch — und — (rasch Otto von
der Erde erhebend) der Bub' ist mei' Pfand!

Otto (schreit ängstlich). Vater! Mutter!

Hubert (flüchtet sich zu Amalien).

Amalia (einer Ohnmacht nahe). Um Got=
teswillen! unser Kind!

Rechth. Meinen Sohn! Mensch! Mei=
nen Sohn! (Zieht seinen Degen.)

Mehrere der Wildschützen (sprin=
gen auf ihn zu, fassen ihn an den Armen und
entwinden ihm den Degen).

Sternp. (nimmt den Degen und wirft ihn
dem Wirthe zu). Da, Wirth, wenn's ein' neuen
Bratspieß braucht's!

Rechth. (in ohnmächtiger Wuth). Geb't mir
mein Kind!

Math. Ihr habt's — wie das Geld
dahier liegt!

Rechth. Und wenn ich dieß nicht thue
— nicht thun kann?

Math. Dann nehm' ich den Buben mit
in meine Wälder und Ihr kriegt's ihn so
wenig wieder, als Ihr jemals den —
bairischen Hiesel kriegt!

Amalie Rechth. Der — bairische —
Hiesel?!

Math. Ja ich bin's und jetzt b'sinnt's
Euch nicht lang! Wenn ich mein' Leuten
»Marsch!« commandir', so habt's mich
und euer Kind g'sehen! — Also — (zu
den Wildschützen) Habt Acht!

Amalie (stürzt händeringend vor Mathias
auf die Knie). Mensch! hab' Erbarmen
mit der Angst — der Verzweiflung einer
Mutter!

Math. Ha ha ha! die g'strenge Frau
Amtmännin kniet? — Warum sein's denn
nicht vor eur'm Mann auf die Knie g'fal=
len und habt's ihn beten, daß er mit den
Bauern Erbarmen haben soll, die er g'schun=
den hat?

Rechth. Ich that nur nach dem Gebote
meines Herrn! — Doch — es fällt mir
nicht ein, mich vor Euch zu rechtfertigen!
— Ich seh', ich bin ein Opfer der Gewalt
— und ich füge mich ihr! — (Wendet sich zu
einem der Ortsältesten.) Malberger! geht in's
Amthaus — hier der Schlüssel zu meiner
Kanzlei — bringt mit meinem Diener die
kleine Handcasse hieher!

Der Ortsälteste (will gehen).

Math. Halt! zwei von mein' Leuten
gehen mit!

Tir., Blauer. Wir — wir!

Math. Wie der Alte wo anders hin=
geht, oder wenn er ein Zeichen geben sollt —
schießt ihn nieder! Nun fort!

Der Ortsälteste, Tir., Blauer (gehen
durch die Mitte ab)

Math. So! bis 's Geld kommt, ist
Waffenstillstand!

Hal. (zu Rechthuber tretend, mit höhnender
Devotion). Ist vielleicht Euer Gnaden,
g'strengen Herrn Amtmann g'fällig, daweil
zur Tafel z'gehn?

Rechth. Nein! nein! — (Mit einem stren=
gen Blicke auf Halinger.) Ich weiß nun, bei
wem ich speisen wollte! — Wir sprechen
ein ander Mal mit einander!

Math. (zu Rechthuber). Ho ho! Herr
Amtmann! nit a so! — Was ich thu' —
thu' ich! — Und sollt's Euch einfallen,
später wen immer aus'n Dorf dafür zur
Verantwortung z'ziehen — ich erfahr's, wo
ich auch bin — und komm' ich 's zweite
Mal zu Euch, dann, das schwör' ich Euch,
probir ich's, ob ein Vampyr, wenn er mei'
Kugel zwischen den Rippen hat, noch aus'n
Grab aufsteh'n kann! (Man hört mit einem
Male vom Kirchthurme der die Sturmglocke
läuten.)

Math., die Wildschützen (aufhorchend).
Was ist das?

Hal. (erschreckt). Das ist die Sturm=
glocken!

Math. Ist Verrath im Spiel?

Fünfte Scene.

Vorige. Tiroler, Blauer, Malberger.
Ein Diener, dann einige Bauern.

Tir., Blauer (kommen hastig. Malberger und den Diener in ihrer Mitte, durch die Mittelthür hereingestürzt).
Tir. (zu Mathias). Hörst! — hörst — die Sturmglocken läuten's!
Blauer. Das gilt uns!
Malb. (zitternd und bebend zu Mathias). Herr Hiesel! die Zwei (auf die beiden Wildschützen weisend) sein Zeugen, mei Schuld ist's nicht —!
Tir. Nein! den haben wir scharf im Aug' g'habt —
Math. Alles eins, von wem der Verrath ausgeht — jetzt gilt's sich z'wehren! (Zu den Bauern.) Leut'! da — (die Cassette öffnend) ist das Geld, was man von Euch erpreßt hat — theilt's Euch b'rein!
Bau., die Bauern (fallen gierig über die Cassa her, füllen ihre Taschen mit Geld).
Math. (zum Amtmann). Macht, daß Ihr fortkommt — ich kann Euch da in mein' Hauptquartier nit brauchen!
Rechtb., Amalie, die Kinder, die Aeltesten (entfernen sich durch die Mittelthür).
Math. (zu Gundel). Gundel! ein' kurzen Abschied! (Hält ihr die Hände hin.)
Gundel (fliegt an seine Brust). Hiesel! um Gottes willen! setz' Dich nit z'stark der G'fahr aus — dein Tod wär' auch der meinige!
Math. Sorg' Dich nicht um mich! — Mich trifft so leicht ka Kugel! — (Zu den Wildschützen.) Wir vertheilen uns jetzt in die ersten Häuser vom Ort, und wenn b' Soldaten näherkommen, grüßen wir's gleich von den Fenstern herunter! — (Auf seine Flinte schlagend.) Ha! die Burschen werden bald wieder rechtsum machen — 's sein ja viele b'runter, die viel lieber unter uns als unter'm Corp'ralstock wären! Kommt's nur! — In einer Viertelstund' ist der ganze Rummel vorbei und sie werden nichts erreicht haben, als daß mei' Namen noch furchtbarer durch 's ganze Land erschallt! (Ab durch die Mitte.)
Alle Wildschützen (folgen ihm).
Gundel (allein). Ist das a Mann! Ka Furcht — kein' Angst kennt er, und geht den Kugeln entgegen, als wann's Kerschen wären, die Ein's im Spaß nach ihm wirft! (Man hört von außen einige Flintenschüsse fallen, welche sich in immer kürzeren Zwischenräumen wiederholen.)
Gundel (zusammenbebend). Ha! 's geht los! — Gott! mich faßt doch ein' Angst. (Horchend.) 's wird alleweil hitziger! — Schuß auf Schuß! Allmächtiger! schütz' Du ihn! (Sinkt in die Knie.)

Sechste Scene.

Gundel, Röthling.

Röthl. (tritt wieder aus der Seitenthür rechts, sieht sich vorsichtig um — dann rasch zu Gundel tretend und ihre Hand fassend). Madel! hör' mich!
Gundl (erschreckt auffahrend). Was ist's? — Ah Ihr! — was wollt's?
Röthl. (dringend). Komm' mit mir!
Gundel. Mit Euch? Jetzt? wohin?
Röthl. Dahin, wo liegt Hiesel!
Gundel (entsetzt). Der Hiesel! — liegt? todt?!
Röthl. Nein! aber hat ihn erster Schuß troffen in Schulter — liegt hinter Gartenzaun. Komm mit — (gegen die Seitenthür rechts weisend) da steht mein Wagerl — ist angespannt, fahr' ich Dich bis zu Platz, wo Hiesel liegt.
Gundel. Ja! ja! — Gott vergelt' Euch eure Hilf'! G'schwind — kein' Augenblick verloren! Kommt's — kommt's! (Zieht ihn mit sich nach der Seitenthür rechts.)
Röthl. (im Abgehen für sich). Hab' ich

Dich nur erst auf mein' Wagen, dann bist und bleibst mein! (Beide ab.)

Verwandlung.

Felder vor dem Orte. — Den Hintergrund bilden die ersten Häuser des Ortes. — Es ist bereits Abenddämmerung und wird nach und nach ganz dunkel.

Siebente Scene.

Peter, Sturmer. Mehrere andere Soldaten.

Die Soldaten (schleichen, die Gewehre schußbereit haltend, aus dem Gebüsche in den Vordergrunde links hervor).

Sturmer (leise). Laßt sehen, ob es uns nicht gelingt, von dieser Seite in's Ort zu kommen und so der verfluchten Bande in den Rücken zu fallen! — Ein Paar von uns müssen, ohne einen Schuß zu thun, sich ganz in die Nähe der Häuser wagen — bleibt es dann ruhig — so können wir Alle weiter vordringen!

Peter. Ganz in die Näh'? Das hieß' ja nutzlos 's Leben opfern!

Sturmer. Wagt's Keiner, so wag' ich's! bleibt Ihr indeß hier im Gebüsche — wird aus den Häusern gefeuert, so eil' ich zu Euch zurück — wenn nicht, so folgt Ihr mir! — (Tritt aus dem Gebüsche hervor und geht, das Gewehr wie zum Bajonnetangriff bereithaltend, näher gegen die Häuser.)

Sturmer (ist bis in die Mitte der Bühne gekommen.

(In diesem Augenblicke fällt aus dem halbgeöffneten Fenster eines Hauses ein Schuß.)

Sturmer (schreit laut auf, das Gewehr entfällt seiner Hand er wankt und stürzt rücklings zu Boden).

Achte Scene.

Sturmer, Mathias, Sternputzer, Tiroler.

Mathias und die Wildschützen (kommen nach einer kurzen Pause einzeln aus verschiedenen Häusern des Dorfes heraus.

Math. Mir scheint, unsre Schüss' haben die Luft rein g'macht.

Sternp. (gegen links in die Scene sehend). Dort ziehen sie sich durch die Felder zurück.

Tir. Und ich hab' vom Kirchthurm aus g'sehen, daß die Hauptmasse auch schon in Abzug ist!

Math. Unsre Leut' sollen aber noch auf der Hut bleiben. Ihr aber macht die Rond' um's ganze Ort —

Die Wildschützen (ziehen sich wieder in's Ort zurück).

Math. (tritt vor bis zu dem sich noch immer schmerzvoll bewegenden Sturmer, bei ihm stehen bleibend). Der arme Teufel! Er hat seine Neugier mit seinem Leben bezahlt.— Aber nein! — er rührt sich ja noch — (Kniet sich rasch zu ihm nieder und will ihn aufrichten.)

Sturmer (noch mit geschlossenen Augen). Thut ein gutes Werk! schießt mich durch's Herz — damit ich nicht so leid'!

Math. Wart'! — es ist vielleicht noch Hilf' möglich! (Löst die Riemen des Tornisters und öffnet dann den Rock Sturmer's, die Wunde besehend). Wenn ich nur ein Wasser — (sieht in die Scene rechts) ah! dort — das Bacherl! — Bleib' ruhig liegen — gleich bin ich wieder bei Dir — (Eilt nach rechts ab.)

Sturmer. Ah — wie das brennt! — wenn's nur bald überstanden wär' — (Versucht es, sich vorwärts zu schleppen, sinkt aber wieder an einem Baumstamme zurück.)

Math. (kommt wieder zurück, in seinem Hute Wasser bringend). So — nur erst das Blut wegg'waschen! (Befeuchtet sein Tuch mit dem Wasser und beginnt die Wunde zu reinigen.)

Sturmer. Ah — nur noch einen Trunk — einen Tropfen Wasser!

Math. (hält ihm den Hut an den Mund). Da — da! trink'!

Sturmer (trinkt gierig, dann sich etwas erholend). Wie wohl das thut! Und — wer ist —? (Oeffnet die Augen, starrt Mathias an — dann mit einer heftigen Bewegung.) Ha — Einer — vom Hiesel seiner Bande!

Math. Nein — ich bin der Hiesel selber!

Sturmer (wie oben). Der Hiesel! der Rebell — der Räuber?!

Math. Wer nennt mich so? — Ich bin wohl als Feind Dir gegenübergestanden — ja — mein Stutzen war's, der nach Dir gezielt hat, aber das war im Kampf — der ist aus, und jetzt seh' ich in Dir nur das unglückliche Werkzeug einer Macht

Sturmer. Gegen die Du Dich auf g'lehnt hast — Du warst nur a Wildschütz — heut' bist zum Mörder 'worden!

Math. (entsetzt aufspringend). Zum Mörder?! — Wer nennt das Morden, wenn sich Einer, angegriffen, seines Lebens wehrt? Thust Du's im Krieg nicht auch?

Sturmer. Vergleich' Dich nicht mit ehrlichen Soldaten! Ich trag' die Waffen gegen die Feinde meines Vaterlandes —

Math. Und bist doch gegen mich gezogen — gegen mich, der dein Landsmann ist? —

Sturmer. Desto schlimmer, wenn die eigenen Bürger zu Feinden ihres Vaterlandes werden!

Math. Wer kann das von mir sagen? — Mich dauern meine Landsleut' — ihnen zum Schutz treib' ich mein G'werb'.

Sturmer (heiser auflachend). Haha! schätzt der sein Volk, der es lehrt, Obrigkeit und Gesetz verachten? der ihm vorangeht mit dem Beispiel strafbarer Selbsthilf'? Seitdem Du aufgetaucht bist, sind die Jungen stolz darauf, Waldfrevel und Wilddiebstahl zu begeh'n — die Alten widerspänstig gegen jede Verordnung — weil ein Gesetz vielleicht noch zu streng' ist, verachten sie alle Gesetze — das Band zwischen Fürst und Unterthan ist gelockert, und wenn's so fortginge, wär' das Volk bald nur eine große Räuberbande — daran bist Du Schuld — Du — (höhnend) der Beschützer deiner Landsleute! (Mit einem letzten Aufflammen der Lebensgeister.) Ha! wenn ich Dich getroffen und todt niedergestreckt hätte, so hätt' ich, neben deiner Leiche stehend, frei zum Himmel aufblicken und ausrufen können: »Ich hab' meinem Land' einen Dienst erwiesen!« — Du aber, der einen Soldaten, der, treu seinem Eid' und seiner Pflicht, gethan hat, was sein Herr befohlen, zum Tod' getroffen hast, Du bist — ein Mörder! Mörder! (zurücksinkend) Mörder! (Er streckt die Glieder und bleibt regungslos todt liegen.)

Math. (starr auf den Leichnam blickend) Er stirbt — und sein letztes Wort — — (schlägt beide Hände vor sein Gesicht — mit dumpfer Stimme) Mörder!

Neunte Scene.

Vorige. Sternputzer, Tiroler, Mehrere Wildschützen.

Sternp., Tir. und **Wildschützen** (kommen eilend aus dem Dorfe — schreiend). Hiesel! Hiesel!

Math. (aus seinem Brüten auffahrend) Was gibt's?

Tiroler. Komm' — schaff' Du Ordnung im Dorf b'rin'!

Sternp. Die Bauern — das G'sindel — !

Math. Was ist mit ihnen?

Sternp. Nicht zufrieden damit, daß sie ihr Geld wieder haben, sind auf's Amthaus — wollen es plündern — den Amtmann todtschlagen.

Tiroler. Das ganze Ort ist im Aufstand' —

Sternp. Weil sie wissen, daß wir die Soldaten zum Abziehen gezwungen haben, glauben sie ungestraft ihre Rache üben zu können.

(Durchaus rasch auf einander sprechend.)

(Am Himmel zeigt sich eine furchtbare Röthe, Flammen schlagen am Ende des Ortes empor.)
Tiroler (sich umwendend). Ha! sie haben ihre Drohung erfüllt.
Sternp. Das Amtshaus angezündet!
Math. (fast dem Wahnsinne nahe). Sie? — Sie? — Nein! ich — ich hab' den Brand g'stift' — ich allein bin Schuld!
Tiroler. Was red'st für'n Unsinn! Wer kann das sagen?
Math. (auf die Leiche weisend). Der — der hat's sterbend gesagt — und die Feuerröthe am Himmel bestätigt seine Wort'! (Sinkt neben der Leiche zu Boden.)

(Der Brand nimmt zu; im Hintergrunde erscheinen die Wildschützen ringend mit den Bauern; andere Leute flüchten mit dem Gepäcke, Weiber und Kinder auf dem Rücken, die Sturmglocke ertönt.)

(Schluß-Tableau.)

Der Vorhang fällt.

Dritte Abtheilung.
Sechstes Bild:
Der Ueberfall.

(Das Innere einer verlassenen Waldschmiede, in der Hinterwand eine morsche Thür, links die Esse, neben derselben ein Haufen Kohlen und Reisig, rechts ein alter Eichentisch und zwei gebrechliche Strohstühle; im Boden mehr gegen rechts im Hintergrunde eine Fallthür mit einem Riegel und einem eisernen Ringe, in der Wand ein Eisenhaken zum Befestigen der Fallthür, wenn sie geöffnet wird. — Es ist anfangs ganz finster.)

Erste Scene.
Röthling. Lieutenant Schebel.

Röth. (über seine Pelzjacke noch in einen Pelzmantel gehüllt, tritt zuerst ein). Nur mir nach, Herr Lieutenant!

Schebel. Was wollt Ihr? Und wer seid Ihr?

Röthl. Heut' noch ein armer Teufel von ein'm Metzgerg'sellen — morgen, so hoff' ich, a Mann, der seine baaren tausend Gulden in der Taschen hat!

Schebel (aufmerksam werdend). Wie! Ihr wollt — Ihr könntet —? — Habt Ihr mich deshalb gebeten, mit Euch hieher zu kommen? Ihr flüstertet mir zu, Ihr hättet mir Wichtiges mitzutheilen.

Röthl. Ich denk' wohl, daß's Ihnen wichtig sein wird, Herr Lieutenant, denn nicht wahr, Sie und Ihre Leut' g'hören doch auch zu der Mannschaft, die jetzt von allen Orten aufgeboten wird, um dem Hiesel endlich 's Handwerk z'legen?

Schebel. Ja — so ist's! Man hat endlich erkannt, daß kleine Truppenabtheilungen nichts ausrichten können gegen diese Schaar verwegener Raubschützen, welche überall in den Dörfern ihre Helfershelfer und Mitverschworenen haben, im Gebirge mit den Höhlen und Schleichwegen vertraut sind — deshalb befahl der Churfürst größere Detachements nach allen Richtungen zu entsenden und ich commandire ein solches!

Röthl. Und deswegen ist ein Preis von tausend Silbergulden auf den Kopf vom Hiesel g'setzt?

Schebel. Ja — ja! doch was fragt Ihr lange, wenn Ihr mir auf die Spur helfen könnt?

Röth. Hm! mir ist die Sach', wie ich's in der g'druckten Aufforderung, die an allen Gemeind'häusern ang'schlagen ist, g'lesen hab', nur noch nicht recht klar —

Schebel. So sprecht schnell — denn meine Leute stehen dort in dem furchtbaren Frost.

Röthl. Na — ich mein' nur, ich setz' nur den Fall, ich wüßt', wo sich der Hiesel jetzt aufhielt — und ich führet Sie und Ihre Leut' hin — Sie fanget'n ihn — dann, nit wahr, g'höret'n die tausend Gulden Ihnen?

Schebel (fast beleidigt). Officiere nehmen keinen Häscherlohn! — Das Geld gehört Euch ganz und ungeschmälert — (Einen Beutel aus seiner Brusttasche ziehend) Seht — hier hab' ich's in vollwichtigen Ducaten bei mir!

Röthl. (gierig). Und die — g'höreten gleich mir?

Schebel. In dem Augenblick, als Hiesel todt oder lebendig in meiner Gewalt ist! — Mein Ehrenwort darauf! Aber sprecht endlich, könnt Ihr uns auf die rechte Fährte bringen?

Röthl. (entschlossen). Ja — ich kann's — ich will's! — Wohin haben Sie mit Ihrer Mannschaft heut' noch marschiren wollen?

Schebel. Nur noch bis zu dem Bergdorf — eine halbe Stunde von hier, dort sollte übernachtet werden —

Röthl. Das geht nicht, Herr Lieutenant, wenn's den Vogel noch in sein' Nest finden wollen, müssen's b'Nacht d'ran wagen — morgen Früh ist's zu spät.

Schebel. Nun denn, so ermattet meine Leute auch schon sind, der Gedanke, an's Ziel zu kommen, wird sie mit neuer Kraft beleben! Seid unser Führer; aber wenn Ihr uns vielleicht absichtlich auf falschen Weg führt, dann —

Röthl. (die Hand an's Herz legend). Dann können'ß mich niederschießen wie ein' Hund.

Schebel. Nein, nein! Pulver und Blei wär' in dem Falle noch zu gut für Euch — am nächsten Baume hängt Ihr, merkt Euch das! (Ab.)

Röthl. (ihm nachrufend). Ich dank', ich werd's ausrichten! — Ich Euch auf falschen Weg führen? Ist nicht euer Ziel auch das meinige? Nach' am Hiesel tausend Gulden — und Alles, was ich 'than hab', unbestraft bleiben! Ich bin dann ein Ehrenmann so gut als Einer — (Ab.)

Verwandlung.

Die linke Hälfte der Bühne stellt das Innere einer elenden Dorfschenke und des Dachraumes über demselben vor. Ein Kachelofen im Hintergrunde, um welchen rings eine Bank läuft, ein Tisch, eine Bank und einige Stühle mehr im Vordergrunde bilden die einzige Einrichtung, eine Thür gegen den Wald zu, eine Thür im Hintergrunde, die rechte Hälfte der Bühne ist schneebedeckter Wald. In der Stube links brennt eine Oellampe, der Wald ist von dem manchmal aus dem Gewölke tretenden Mond schwach beleuchtet

Zweite Scene.

Mathias, Sternputzer, Tiroler. Zwei Wildschützen. Job.

Math. (liegt schlafend auf der Ofenbank, sich manchmal unruhig im Traume hin und herbewegend).

Sternp., Tiroler, Job (sitzen bei dem Tische, Krüge vor sich habend).

Zwei Wildschützen (stehen, in Mäntel gehüllt, außerhalb der Hütte als Wache).

Sternp. Die Nacht will heute kein Ende nehmen.

Tiroler. Ich kann's auch nicht mehr erwarten, daß's zum Grawelu anfangt, dann geht's fort nach Ulm — ein' neuen Leben entgegen.

Job. Das G'scheiteste, was Ihr und der Hiesel miteinander thun könnt. Sagt's mir nur, wer hat ihm denn den Gedanken eingeben?

Sternp. Er ist selbst darauf verfallen. Hätt's nie gedacht, daß er, dem sonst jeder Zwang in tiefster Seele verhaßt war, sich entschließen könne, den Soldatenrock anzuziehen.

Tiroler (trübe den Kopf schüttelnd). Er ist überhaupt ein And'rer seit dem Tag, wo wir ihn bei dem erschossenen Soldaten troffen haben! 's war freilich 's erste Mal, daß er ein' Menschen 's Lebenslicht ausblasen hat!

Sternp. Es war nicht das allein! Seit der Geschichte mit dem Amtmanne hat sich Alles verändert —

Math. (im Schlafe aufstöhnend). Ah — fort! — weg! — gräßlich! (Macht mit den Händen eine abwehrende Bewegung.)

Job (aufspringend). Er fällt von der Bank! (Eilt zu Mathias.) Hiesel? Was ist Dir denn?

Math. (erwacht, blickt stieren Auges um sich und erhebt sich von der Bank, schwer aufathmend). Ah! Gott sei Dank! — 's war nur ein Traum — ein schrecklicher Traum!

Sternp., Tiroler. Was denn?

Math. (mehr vorwärtskommend). Ah — 's war so verwirrt durcheinand' — jetzt war's die Gundel — jetzt wieder die Monika — die G'stalt! — Ueber mich hat sie sich gebeugt — und ein blutendes Herz — (sich mit der Hand über die Stirne fahrend) Gott sei Dank, daß ich erwacht bin! Ich glaub', so ein' Traum muß Einer g'habt haben, den während der Nacht der Schlag troffen hat.

Sternp. Komm' — setz' Dich zu uns, erwart' lieber wachend den Tag.

Math. (setzt sich auch an den Tisch im Vordergrunde). Nur der Tag — der eine Tag soll noch glücklich vorübergeh'n, dann sein wir in Ulm, dort sein die preußischen Freiwerber, die fragen nit viel, wer Einer früher war, wenn er nur für's Kriegshandwerk taugt — wir lassen uns anwerben — der alte Fritz soll mit Rußland im Bund ein' Zug gegen Polen vorhaben.

Job. Ja — ja — so heißt's jetzt all-g'mein!

Math. Im Schlachtentummel werd' ich vergessen und — vergessen werden!

Job. Nein, mei Hiesel! vergessen wird bei' Namen in unser'm Land nit so leicht!

Math. (bitter lachend) Ha ha! meint's, das Volk wird b'ran denken, daß ich's doch eigentlich gut mit ihm g'meint hab'? — Ha ha! das haben's schon vergessen — jetzt, so lang' ich noch mitten unter ihnen bin!

Sternp. Ja — 's ist ein schändliches Gezüchte! Dieselben Bauern, die uns früher fast kniefällig gebeten hatten, daß wir sie vom Drangsal befreien sollen — jetzt rotten sie sich mit Heugabeln und Dreschflegeln zusammen, wenn wir und einem Dorfe nähern wollen!

Job (zu Sternputzer). Ja 'eht's — Ihr selber habt's g'rab' vorhin g'sagt, seit der G'schicht mit dem Amtmann — (zu Mathias) da hätt'st Du Dich nit b'reinmengen sollen! — Der Amtmann ist in der ganzen Gegend als ein Ehrenmann bekannt.

Math. (finster vor sich hinblickend.) Macht's mir jetzt keine Vorwürf'

Job (gutmütig). Nein, nein — das thu' ich auch nit! — Du weißt, ich bin noch z'ner von den Wenigen im Land die Dir und dein' Leuten noch ein' Obdach geben! ich verleug'n meine alten Freund nit, wann's im Unglück sein!

Math. (reicht ihm die Hand). Dank Dir, Alter! Du bist treuer als Mancher und Manche, die mir Treu g'schworen haben! Wie viel von mein' Leuten sein schon von mir abg'fallen — selbst die Gundel —

Sternp. Ja, die hat sich auch seit einem halben Jahre nicht mehr bei uns sehen lassen!

Math. (vom Tische aufstehend und in der Stube auf und nieder gehend). Gut, daß 's so kommen ist — so hab' ich ka Rücksicht mehr für sie z'nehmen! Damit ist die letzte Fessel, die mich noch an d'Vergangenheit 'bunden hat, g'fallen!

Vierte Scene.

Vorige. Andres. Einige andere Wildschützen.

Andres (erscheint im Walde von rechts kommend).

Die wachestehenden Wildschützen ihn kommen sehend). Wer ist's?

Anbres (mit gedämpfter Stimme). Pst!
ich bin's — der Anbres!
Math. (zu Anbres). Du warst auf Kundschaft! — g'schwind — was bring'st? —
Anbres. Nichts Gut's! von der Seiten (gegen rechts weisend) marschirt a ganze
Trupp' Grenadier da herauf!
Math. Dann müssen wir auf dem
Weg — (gegen die Thür im Hintergrunde
weisend).
Sternp. Ja — sie dürfen uns nicht
finden! — Nur dort hinaus!
Der Blaue und einige Wildschützen
(treten mit entsetzten Mienen durch die Thür im
Hintergrunde ein).
Blauer (verzweifelt). Nicht da — (gegen
die Thür, durch welche er gekommen, weisend)
nicht auf einer andern Seiten kommt Ihr
mehr hinaus — wir haben's g'seh'n —
wir sein schon förmlich ein'kreist!
Sternp. Ha! Verrathen!
Tir. Was jetzt thun?
Die Wildschützen. Wir sein
verloren! } (Zugleich.)
Math. Ruhig! ruhig! (Geht zur Seitenthür und blickt hinaus.) Ja dort — den
Waldweg herauf seh' ich Musketen blitzen!
(Geht rasch zur Thür im Hintergrunde und öffnet
auch diese.) Auch vom Berg herab! —
Job ängstlich). Laß nur mich hinaus
— ich vergrab' mich draußen im Schnee,
bis Alles vorbei ist —
Math. (ihn zur Hinterthür hinauslassend.)
Mach' fort! — Da soll Niemand bleiben,
als der sich wehren kann!
Job (schlüpft zur Thür hinaus).
Math. (zu den Wildschützen). Oder wollt's
Ihr Euch da fangen lassen wie eing'frorne
Hasen!
Sternp. und Tir. Nein! nein! wir
wehren uns!
Math. Gut! wir wollen wenigstens
uns're Haut so theuer als möglich verkaufen! — An jede Thür stellen sich Zwei von
Euch — die unterhalten das Feuer — die
Andern laden und reichen Euch die G'wehr

— kein Schuß Pulver darf' umsonst abbrennt werden — la Kugel ihr Ziel verfehlen! (Horchend.) Ha! ich hör' Schritt' —
von allen Seiten! auf eure Plätz'! — Die
Thüren sein so zerklüftt, daß's Schießscharten habt's und doch gedeckt seib's!
Tir., Sternp. und Math. (stellen
sich an die Seitenthür).
Blauer und Anbres (stellen sich an die
Hinterthür).
Die übrigen Schützen (bleiben in der
Mitte der Bühne und laden fortwährend die abgeschossenen Gewehre).

Fünfte Scene.

Vorige. Lieutenant Schebel, Feldwebel
Brummer. Ein Tambour. Grenadiere. Röthling.

Lieutenant Schebel, Brummer, der
Tambour und Grenadiere (von außen).
Der Tambour (schlägt einen Wirbel).
Schebel (nachdem die Trommel verstummt,
mit lauter Stimme). Mathias Klostermaler,
genannt der bairische Hiesel, im Namen
des Fürstbischofes von Augsburg und im
Namen des Landesherrn fordere ich Dich
und deine Leute auf, die Waffen niederzulegen und Euch gefangen zu ergeben.
Nur derjenige von Euch, welcher gutwillig
dieser Aufforderung nachkömmt, hat eine
mildere Strafe zu erwarten! Fünf Minuten
lasse ich Euch Bedenkzeit!
Math. Ich brauch' nit mehr als eine!
Da — die Antwort! (Will seine Flinte abfeuern — dieselbe versagt.) Teufel! versagt!
Zum ersten Mal in meinem Leben g'schieht
mir das! (Wirft die Flinte zurück.) Ein' an-
dern Stutzen!
Ein Wildschütz (reicht ihm eine andere
Flinte).
Schebel (ist von der Thür zurückgesprungen).
Widerstand! (Zu den Grenadieren.) Auf! zum
Sturm! (Er selbst und der Tambour treten
mehr zurück.)
Die Grenadiere (dringen an die Thür.)

Math. und alle übrigen Wildschützen (feuern).
(Sturm — Grenadiere fallen und andere bringen wieder vor.)

Math. (während des Sturmes). Halt's Euch, Kameraden! — Wir schlagen uns doch noch durch! (Das Feuern währt fort.)

(Indessen haben auf Schedel's Wink Grenadiere eine Leiter am Hause befestigt, erklimmen das Dach und erscheinen in dem oberen Raume — Zimmerleute beginnen mit ihren Aexten den Dachboden zu durchbrechen — Mörtel und Steine fallen herab.)

Sternp. Ha! sie sein ober uns! Aufwärts gezielt!

Die Soldaten (schießen zuerst durch die Dachöffnung herab).

Ilr. (zusammenstürzend). Ha! das hat mir 'golten! Leb' wohl, Hiesel!

Der Blaue (verkriecht sich hinter den Ofen). (zugleich)

Sternp. Ha! mein Arm! (Wankt und sinkt auf eine Bank.)

Math. (nachdem er noch einen Schuß gethan). Die letzte Kugel!

Die Grenadiere (auf dem Dachraum werfen Patronen mit brennendem Stroh umwickelt durch die Oeffnung hinab).

Math. (entsetzt). Ha! — Verbrennen — lebendig verbrennen! (Eilt gegen die Seitenthür und ruft hinaus.) Ich ergeb' mich!

Schedel (winkt dem Tambour).
(Auf ein Trommelzeichen hört das Feuern von außen auf.)

Schedel (ruft). Die Thür auf!

Math. (wankt erschöpft heraus). Hier habt Ihr mich! Ich bin der Mathias Klostermaier!

Sternp. und Andres (sind auch aus der Hütte getreten und werden sogleich von Soldaten umringt).

Schedel (zu Mathias). Ihr habt Euch gewehrt wie ein Mann! Ich lasse Euch nicht binden — gebt mir als Mann euer Wort, daß Ihr nicht entflieht!

Math. (reicht ihm seine Hand).
(Der Brand schlägt aus der Hütte empor, die Grenadiere schleppen die gefangenen Wildschütze heraus.)

Schluß-Tableau des 6. Bildes.
(Der Vorhang fällt.)

Siebentes Bild.

Der letzte Weg.

Gefängnißzelle zu Dillingen — im Hintergrund eine breite eisenbeschlagene Thür, zu welcher einige Stufen hinaufführen — neben derselben ein Fenster mit Eisengitter — ein ähnliches Fenster links im Vordergrunde — im Hintergrunde rechts eine Holzpritsche mit darübergelegtem Stroh, neben derselben auf einem Schemmel ein steinerner Krug und ein halber Laib Brod. Im Vordergrunde rechts ein Eichentisch und ein Stuhl.

Erste Scene.

Mathias, Andres, Gerichtsrath Hartmann, ein Actuar, zwei Gerichtsbeisitzer, ein Gefängnißaufseher.

Math. (steht aufrecht, mit einer Hand an den Tisch gestemmt, dem Gerichtsrathe fest in's Auge blickend).

Hartm. (steht vor ihm, ein großes, mit Siegeln versehenes Blatt Papier in Händen haltend.)

Der Actuar und zwei Gerichtsbeisitzer (stehen hinter Hartmann).
(Sämmtlich in schwarzen Amtskleidern, Degen an der Seite.)

Andres (liegt schlafend auf der Holzpritsche im Hintergrunde).

Der Gefängnißaufseher (steht, einen Schlüsselbund in der Hand haltend nahe an der Thür).

Hartm. (welcher eben mit der Vorlesung des Urtheils geendet, sein Haupt wieder mit dem Hute bedeckend, zu Mathias.) Mathias Klostermaier! Du hast nun das vom hohen Gerichtshof zu Augsburg über Dich gefällte Urtheil vernommen — hast Du es in seinem ganzen Sinne begriffen?

Math. (fest). Ja — ich weiß jetzt, ich bin zum Tod' verurtheilt!

Hartm. Hast Du weiter noch etwas zu sagen?

Math. Nichts! — Ich hab' mich vor dem Sterben nie g'fürcht', — ob a bissel früher oder später — was macht's aus? In fünfzig Jahren ist von den Herren, die da vor mir stehen, auch Niemand mehr am Leben.

Hartm. Sieh! Du hättest vielleicht eine Milderung der Strafe erlangen können, wenn Du über die Leute aus den verschiedenen Ortschaften, welche Dir Vorschub geleistet, oder Wild abgekauft haben, dem Gerichte ausführliche Mittheilung gemacht hättest!

Math. (fast auffahrend). So? Also wenn ich ju all' dem, was ich gethan hab', noch den schlechten Streich dazu beging, daß ich die Leut' ins Unglück bringet, die's gut mit mir g'meint haben, so krieget ich a g'ringere Straf? (Mit trübem Lächeln den Kopf schüttelnd.) s' ist a curiose Sach' um ener' Gerechtigkeit! — (Wieder mit fester Entschlossenheit.) Aber nein! — aus mir kriegt's nichts weiter heraus! — Sehen's, Herr Rats! — s' kommt mir doch fast vor, als ob das Urtheil für das, was ich allein gethan hab' a biffel z'streng wär' — b'ruin, nimm ich das was b'Andern mit mir g'fehlt haben, auch auf mich — dann mein' ich, paßt's eher in die Wagschal'n!

Hartm. Du siehst also ein, daß Dir nur Recht widerfahrt?

Math. So ganz einsehen thu' ich das noch nicht, aber (mit der Hand nach Oben deutend.) ich komm ja bald dorthin, wo's mir darüber sichere Auskunft geben werden!

Hartm. Nun, so mache Dich bereit vor dem Richter zu erscheinen — das weltliche Gericht hat sein letztes Wort gesprochen. (Wendet sich zum abgehen.)

Der Gefängnißaufseher (schließt die Thür im Hintergrunde auf — man sieht außerhalb derselben Wachen).

Hartm., der Actuar, die Gerichtsbeisitzer (gehen nach dem Hintergrunde ab).

Der Gefängnißaufseher (folgt ihnen und schließt hinter sich).

Andres (durch das Geräusch erweckt, fährt von seinem Lager in die Höhe). Was ist's? wer war? (Sieht auf Mathias.) Ah! Hiesel! Du noch da?

Math. Nicht mehr lang, Anderl! nicht mehr lang!

Andres (ahnend). Nicht mehr lang da? — Und wohin?

Math. Sie haben mir g'rab mein' Weg ang'wiesen. (Deutet nach oben.)

Andres (auf's Heftigste erschreckt, schreit laut auf, springt auf, eilt zu Mathias vor, sinkt zu dessen Füßen und umklammert seine Knie). Hiesel! — um Gottes willen!

Math. (ihn aufhebend). Wein' nit, Bub'! Du siehst, ich bin g'faßt, — und Du — Du kommst ja leichter b'raus.

Andres. Ich? — was wollen's mit mir thun?

Math. Wegen deiner Jugend werden's Dich nur züchtigen —

Andres. Schlagen? — mich? — Hiesel! — nur das nit! — sie sollen mich mit Dir sterben lassen — aber schlagen —!! (Man hört an dem Gitter des Seitenfensters das Geräusch einer Feile.)

Math., Andres (aufhorchend). Was ist das?

Math. Ich seh' a Hand — mit einer Feil' — wer ist —?

Zweite Scene.

Vorige. Sternputzer.

Sternp. (erscheint nur mit dem Kopfe außerhalb des Gitters).

Math. Ah — Du —

Sternp. (drückt eine Scheibe des Fensters ein und öffnet dann einen Flügel desselben, mit leiser Stimme). Still! — still!

Math. (näher zum Fenster tretend, mit gedämpfter Stimme.) Du lebst? — und ich hab' g'laubt —

Sternp. Ja — Alle haben mich für
todt g'halten und mich deswegen in der
Waldhütten liegen lassen — aber — ich
hab' mich wieder aufgerafft und nachdem
ich gehört, daß sie Dich hieher nach Dillingen gebracht, bin ich verkleidet nach,
hab' mich im Bräuhaus als Knecht verdun-
gen und Gelegenheit gefunden, in den kleinen Hof und zu dem Fenster zu kommen
— sieh! ein Stab ist bereits durchgefeilt —
ich bieg' ihn nun leicht seitwärts — nimm
indeß Du die Feile — (wirft sie ihm zu)
und mach' Dich von den Ketten los — ich
mach' indeß die Oeffnung breiter, damit Du
durchkannst!

Math. Treue — ehrliche Seel'!

Andres (ängstlich zu Mathias). Ja — ja
— laß uns fliehen!

Math. Fliehen?! — (Zu Sternputzer.)
Hör' Du — und seh' mich an!

Sternp. (sich etwas höher hebend und her-
einsehend). Was hast denn?

Math. Ich hab' dem Lieutenant, dem
ich mich ergeben hab', mein Ehrenwort
'gebeu, daß ich kein' Fluchtversuch mach' —
er hat meinem Wort' vertraut und mir deswegen keine Ketten anlegen lassen — jetzt
kannst also denken, was ich thu' —

Sternp. Hiesel! — Du willst —?

Math. Lieber als ehrlicher Kerl sterben, als als ein Schuft leben! — Gib
Dir also weiter ka Müh'!

Andres (in Todesangst bringend). Hiesel!
Um Gottes willen! laß' die Gelegenheit
nicht vorbeigeh'n! — hab' Erbarmen!

Math. (mitleidig auf Andres blickend). Erbarmen? — ja — mit Dir!

Andres. Wenn's mich schlagen wollen
— entweder ich bring' eher Ein' um —
oder — ich stirb selber beim ersten Hieb' —

Math. (seine Hand auf Andres Kopf legend.)
Das zeigt mir, daß ein Ehrg'fühl in Dir
ist, und das — das sollen's nicht mit Ru-
then todtschlagen! — Ich hab Dir versprochen, daß ich wie a Bruder an Dir
handeln will, und jetzt kann ich's halten!
Du bist noch jung — Du kannst noch ein'
ander's Leben anfangen! — Komm'!

Andres. Aber Du gehst mit? — Hiesel! ohne Dir geh' ich nit!

Math. Geh'! Ich will's — folg' dein'
Hauptmann zum letzten Mal'! (Küßt ihn
auf die Stirne und hebt ihn auf den Tisch.)
B'hüt' Dich Gott! — bet' für mich!
(Aengstlich gegen die Mittelthür horchend.) Sie
kommen — g'schwind hinaus!

Sternp. (faßt Andres von außen). Daher!
— schlupf' durch! — setz' den Fuß auf die
Strickleiter —

Andres (schlüpft durch die Oeffnung im
Gitter — von außen). Hiesel! b'hüt' Gott!

Math. (gespannt gegen die Hinterthür
blickend und ihnen mit der Hand winkend). Fort!
Fort!

Sternp. Andres (verschwinden vom
Fenster).

Math. (trägt rasch den Tisch wieder an
die frühere Stelle und setzt sich auf einen Stuhl neben demselben).

Dritte Scene.

Mathias, Pfarrer Wolf, dann Monika.

(Die Gefängnißthür im Hintergrunde wird aufge-
schlossen.)

Wolf (erscheint in der geöffneten Thür).

Math. (von seinem Sitze auffspringend). Die
Stimme?! (Sich umsehend, mächtig ergriffen.)
Herr Pfarrer! — Sie — Sie! (Eilt ihm
entgegen.)

Wolf (kommt die Stufen herab, die Thür
schließt sich hinter ihm — er breitet seine Arme aus).

Math. (stürzt laut schluchzend an seine Brust)

(Pause.)

Wolf (wehmüthig). Du bist nicht mehr
zu uns gekommen!

Math. Und Sie — Sie suchen mich
auf — mich!

Wolf. Die wahre Liebe läßt nicht von
dem Gegenstande, den sie sich erwählt, und
der gute Hirt sucht das Lamm, das sich
verirrt!

Math. Verirrt? — verirrt! — War
denn wirklich das, was ich wollen und
durchzusetzen mich b'müht hab', nichts als
Irrthum? — Sagen Sie mir's, Hochwürden! sagen Sie mir's!
Wolf. Erinnere Dich. Ich hab' es Dir
gesagt (das Haupt senkend) und dein Ende
rechtfertigt meine Worte! — Doch Du
wirst den Irrthum sühnen — Du wirst
dem durch Dich verletzten Gesetze genugthun
— stirb' um Vergebung flehend und selbst
vergebend, als Christ!
Math. Das will ich! — Hochwürden!
— begleiten Sie mich auf mein' letzten
Weg! (Sinkt in die Knie.)
Wolf (seine Hände segnend auf Mathias'
Haupt legend). So schwer die Pflicht mir
fällt, ich will sie üben! (Hebt ihn auf.) Doch
— ich bin nicht allein gekommen!
Math. (fast erschreckend). Nicht allein —?
— Mein — mein Vater —?! will er —
mich jetzt — noch sehen?
Wolf. Sehen könnte er Dich nicht
mehr — seit einem Jahr' ist er er-
blindet — schwach und hinfällig — doch
durch mich sendet er Dir seine Vergebung
— seinen Segen!
Math. Er kommt also nicht? (Starr vor
sich hinblickend) und — 's ist besser so! —
Aber — wer — wer — sonst —?
Wolf (tritt zur Thür zurück und öffnet sie).
Monika (ganz schwarz gekleidet, den Brautkranz in den Haaren, leichenbleich im Gesichte,
erscheint in der geöffneten Thür, schreitet langsam,
gleichsam nichts um sich gewahrend, die Stufen
herab und mehr gegen den Vordergrund).
Math. (zurücktaumelnd). Monika!
Mein Gott! die Augen!
Wolf (leise zu Mathias). Es spricht der
irre Geist aus diesen Blicken!
Math. Heiliger Gott! — sie ist — — ?
Wolf. Seit sie zum letzten Mal mit
Dir gesprochen, hat ein Schleier sich über
ihr Seelenauge gesenkt — still wandelt sie
im Orte herum — verrichtet ihre Arbeit,
und — hofft auf ihren Bräutigam — sie
achtet auf keine Stimme, als auf die meinige — ich nahm sie mit mir, hoffend, daß
die Erschütterung des Gemüthes vielleicht
die Nebel zertheile! — Sprich sie an —
Math. (etwas näher zu Monika tretend).
Monika!
Monika (steht mit einem Lächeln zu ihm
auf, ohne ihn zu erkennen). Die Stimm'?! —
ja, ja! — so hab' ich's g'hört — am Erdhof — damals! ja — ja! — es war recht
lieb dort — recht lieb — der Hiesel — —
(Geht zu einem Stuhle und setzt sich auf denselben.)
Math. Aber Monika! — dein Hiesel —
Monika. Den — den hab' ich begraben — im Augsburger Wald — am Heidenbühl — aber — er kommt noch — o
ja! ich weiß's! — er kommt! — Der
Kranz — (nimmt den Brautkranz von dem
Kopfe) ich heb' ihn für ihn auf!
Math. (schlägt beide Hände vor seine Augen).
Sie kennt mich nicht mehr!
Wolf. Ich seh' — meine Hoffnung
täuschte mich!
Monika (vor sich hinsehend). Gelt, Hiesel
— ich hab' Recht g'habt — die Zeit wird
kommen, wo Du's einsiehst, daß ich Dich
so gern hab' — ah! — ja — ja — dort
das Jägerhaus mit den grün' Fenstern
— das ist dein's! hahaha! Grüß' Gott
— grüß' Gott! (Winkt grüßend mit der Hand.)
Math. (fast dem Eindrucke erliegend, Wolf's
Arm fassend). Hochwürden! Was mich
trifft — ich ertrag's als Mann — aber
das Unglück sehen, was ich über die
bracht hab', die's gut mit mir g'meint
haben — das — das nimmt mir alle
Kraft — (Bricht fast zusammen.)
Wolf. Wer weiß, ob dieser Zustand
(auf Monika weisend) nicht in dem jetzigen
Augenblicke ein Glück für sie ist! — Doch
— die Stunde naht! fasse Dich!
Math. (mit dem Schrecken der Todesangst
zitternd). O! ich weiß nicht — aller
Muth — alle Kraft verlaßt mich auf einmal! Hochwürden, reden Sie ein Wort,
das mich — mir selber wieder gibt —
daß ich — der muthig alle Weg' 'gangen

ist — nicht — auf dem letzten Weg wie a Feigling z'sammbrech'!

Wolf. Nun — Eines mag Dich erheben! Das Ziel, nach welchem Du, wenn, gleich nicht auf rechtem Wege, rangst — es ist — erreicht!

Math. Was für ein Ziel?

Wolf. Der Churfürst hat die Jagdgesetze und das Jagdrecht geregelt, dem Uebermuthe der Forstbesitzer Schranken gesetzt — dem Landmanne Schutz und Entschädigung verliehen.

Math. (sich plötzlich wieder aufrichtend). Ja? ja? — ist's so? — vielleicht hat grad mein Treiben und mein Proceß ihnen die Augen geöffnet — O! daß doch so Viele und so lang irren müssen -- bis das Rechte zum Durchbruch kommt! — Aber so ganz umsonst hab' ich nicht g'lebt — und muthig ertrag' ich, was über mich verhängt ist! (Wendet sich mit Wolf zum Abgehen.)

(Die Thür im Hintergrunde öffnet sich, man sieht die Räthe, Wachen und im fernen Hintergrunde den Nachrichter im rothen Mantel stehen; zugleich ertönt ein Glöcklein.)

Monika (während Wolf und Mathias der Thür zuschreiten, theilnahmslos an Allem, in halb singender Weise vor sich hinsprechend und Blumen aus dem Kranze ziehend).

Vom Thurm' das Glöckel läut',
Was wohl das heut' bedeut'?
Hochzeit — ja Hochzeit! — und ich — ich bin
                Braut.
O lieber Jäger — wie bin ich Dir gut.
Nimm da — das Sträußel — bind's auf'n Hut!
Heut' noch — ja heut' noch wer'n wir getraut!

(Während dem ist Mathias die Stufen hinangestiegen, wirft noch einen schmerzlichen Blick auf Monika — das Läuten währt fort.)

Schluß=Tableaur.

Der Vorhang fällt.

Von

Friedrich Kaiser

sind bei uns erschienen:

Männerschönheit. Original-Charakterbild mit Gesang in 3 Acten. 8. geh. 15 Sgr. oder 75 Nkr.
Schneider als Naturdichter, oder: Der Herr Vetter aus Steiermark. Posse mit Gesang in 2 Acten. Mit 1 Bild. 8. geh. 15 Sgr. oder 75 Nkr.
Eine Posse als Medicin. Originalposse mit Gesang in 3 Acten. Mit allegorischem Bilde. 8. geh 15 Sgr. oder 75 Nkr.
Ein Fürst. Charakterbild mit Gesang in 3 Acten. Mit 1 allegorischem Bilde. 8. geh. 15 Sgr. oder 75 Nkr
Mönch und Soldat. Charakterbild mit Gesang in 3 Acten. Mit 1 Titelbilde. 8. geh. 15 Sgr. oder 75 Nkr.
Schule der Armen, oder: Zwei Millionen. Original-Charakterbild mit Gesang in 4 Acten. Mit 1 Titelbilde. 8. geh. 15 Sgr. oder 75 Nkr.
Der Rastelbinder, oder: 10.000 Gulden. Posse mit Gesang in 3 Acten. Mit 1 Titelbilde. 8. geh. 15 Sgr. oder 75 Nkr.
Junker und Knecht. Charakterbild mit Gesang in 3 Acten. Mit 1 Titelbilde. 8. geh. 15 Sgr. oder 75 Nkr.
Ein Traum — kein Traum, oder: Der Schauspielerin letzte Rolle. Posse mit Gesang in 2 Acten. 8. geh. 15 Sgr. oder 75 Nkr.
Des Schauspielers letzte Rolle. Posse mit Gesang in 3 Acten. Mit 1 Titelbilde. 8. geh. 15 Sgr. oder 75 Nkr.
Dienstbotenwirthschaft, oder: Chatouille und Uhr. Charakterbild mit Gesang in 2 Acten Mit 1 Titelbilde. 8. geh. 12 Sgr. oder 60 Nkr.
Doctor und Friseur, oder: Die Sucht nach Abenteuern. Posse mit Gesang in 2 Acten. Zweite Auflage. 7½ Sgr. oder 35 Nkr.
Zum ersten Male im Theater. Posse in 1 Acte. 7½ Sgr. oder 35 Nkr.
Müller und Schiffmeister. Posse mit Gesang in 2 Acten. 10 Sgr. oder 50 Nkr.
Zwei Pistolen, oder: Erschossen oder lebendig. Posse mit Gesang in 2 Acten. 10 Sgr. oder 50 Nkr.
Ein neuer Monte-Christo. Original-Charakterbild in 3 Acten. 12 Sgr. oder 60 Nkr.
Die Frau Wirthin. Charakterbild mit Gesang in 3 Acten. 12 Sgr. oder 60 Nkr.
Etwas Kleines. Charakterbild mit Gesang in 3 Acten. 12 Sgr. oder 60 Nkr.
Zwei Testamente. Charakterbild mit Gesang in 3 Acten. 12 Sgr. oder 60 Nkr.
Unrecht Gut. Charakterbild mit Gesang in 3 Acten und 1 Vorspiele. 12 Sgr. oder 60 Nkr.
Des Krämers Töchterlein. Original-Charakterbild mit Gesang in 3 Acten. 12 Sgr. oder 60 Nkr.
Eine Feindin und ein Freund. Posse mit Gesang in 3 Acten. 12 Sgr. oder 60 Nkr.
Ein Lump. Charakterbild mit Gesang in 3 Acten. 12 Sgr. oder 60 Nkr.
Verrechnet. Original-Charakterbild mit Gesang in 3 Acten. 12 Sgr. oder 60 Nkr.
Palais und Irrenhaus. Original-Charakterbild mit Gesang in 2 Acten. 12 Sgr. oder 60 Nkr.
Jagdabenteuer. Posse mit Gesang in 2 Acten. 12 Sgr. oder 60 Nkr.
Naturmensch und Lebemann. Charakterbild mit Gesang in 3 Acten. 12 Sgr. oder 60 Nkr.
Nichts. Posse mit Gesang in 3 Acten 12 Sgr. oder 60 Nkr.
Localsängerin und Postillon. Posse mit Gesang in 3 Acten. 12 Sgr. oder 60 Nkr.
Gute Nacht, Rosa! Dramatisches Genrebild in 1 Act. 8 Sgr. oder 30 Nkr.
Der Soldat im Frieden. Charakterbild mit Gesang, Tanz ꝛc. in 3 Acten. 12 Sgr. oder 60 Nkr.
Der Mensch denkt — Lebensbild mit Gesang in 3 Abtheilungen. 12 Sgr. oder 60 Nkr.
Auf dem Eis' und beim Christbaum. Posse mit Gesang in 3 Acten. 12 Sgr. oder 60 Nkr.
Haus Rohrmann, oder: Cajus und Sempronius. Charakterbild in 3 Acten. 12 Sgr. oder 60 Nkr.
Der Herr Bürgermeister und seine Familie. Charakterbild mit Gesang in 3 Acten. 12 Sgr. oder 60 Nkr.
Die Blumen-Nettel, oder: Der Herr Director. Original-Lebensbild mit Gesang in 3 Acten. 12 Sgr. oder 60 Nkr.

Druck und Papier von Leopold Sommer in Wien.